Buda

Gabriel
Mandel Khân

Buda

EL ILUMINADO

Traducción del italiano:
María Eugenia Frutos

Revisión y asesoramiento de la edición española:
Antonio Cardoso

CIRCULO de LECTORES

TÍTULO ORIGINAL
Buddha
L'illuminato

TRADUCCIÓN DEL ITALIANO
María Eugenia Frutos

REVISIÓN Y ASESORAMIENTO
Antonio Cardoso

DIRECTOR ARTÍSTICO
Giorgio Seppi

DISEÑO Y MAQUETACIÓN
Elena Dal Maso

CUBIERTA
Federico Magi

CARTOGRAFÍA
Margil, Milano

DIBUJOS DE LAS PP. 39 Y 71
Luisa Cittone

Círculo de Lectores, S.A. (Sociedad Unipersonal)
Travessera de Gràcia, 47-49. 08021 Barcelona.
www.circulo.es
2010987654321

Licencia editorial para Círculo de Lectores por cortesía de Arnoldo Mondadori S.p.A.

ISBN 84-226-9504-9
Depósito legal: TO-1.049-2002
Imprime: Artes Gráficas Toledo S.A.U.
N° 31385

ADVERTENCIAS

Las citas están extraídas o de los textos originales en sánscrito recogidos en los manuscritos de la Biblioteca Nacional de París, en particular: Ms. Sanscrit 31; Ms Sanscrit 64; Ms Sanscrit 151 (en escritura nepâlî); Ms Sanscrit 32; Ms Sanscrit 152 (en escritura nagari); o, preferentemente (para el *Tripítaka*), de los textos originales en lengua pâli de la edición del Instituto budista de Camboya en Phnom-Penh, que se encuentran en la Biblioteca Nacional de París. En caso de duda se ha tenido presente el corpus de las *Gaekwad's Oriental Series*, editado en Baroda a cargo de B.T. Bhattacharyya.

Las citas no recogen las repeticiones o aliteraciones excesivas, características del estilo religioso de los Cánones.

Para el *Pequeño sutra del príncipe de Hetimandel*, el único texto impreso existente (1938/39), en facsímil litografiado del original (Palacio de Tar-o Sâr), está en la Biblioteca Estatal de Kabul (Afghanistán), aunque se ha publicado una traducción completa en *Pensieri e massime del Buddha*, Mondadori, 1967.

Los diccionarios consultados son: para el pâli: Childers, R., *A Dictionary of the Pâli Language*, Londres 1875 y ss.; para el sánscrito: Monnier-Williams, *Sanskrit-English Dictionary*, Londres 1899 y ss.; Stchoupak, N., Nitti, L. y Renou, L.: *Dictionnaire sanskrit-français*, Paris 1932; y sobre todo la monumental obra del llorado Jean Filliozat, maestro del autor.

Cuando ha sido posible –sobre todo en el glosario–, de cada nombre y cada término se ofrecen las versiones sánscrita (en primer lugar), pâli y tibetana (p.e., sánscrito nirvâna; pâli nibbâna).

Es posible, por consiguiente, que la capitulación y el párrafo y, sobre todo, el texto que se presenta tengan discrepancias con las numerosas traducciones publicadas en los distintos países de Europa, sobre todo con las no académicas. Téngase presente, además, en lo que respecta a las citas, que quien desee conocer los textos canónicos budistas directamente de los originales o de las traducciones estrictamente literales quedará, en un principio, perplejo. Es una característica recurrente –a excepción de algún libro que sólo presente aforismos o cuartetas– la desconcertante repetición de frases y conceptos, que deja al lector occidental perplejo, e incluso aburrido: repetición de las frases, con la única variación de un término o dos en cada principio de párrafo, que se arrastra a veces hasta en una decena de páginas.

Despojados de las repeticiones, muchos de estos textos se reducirían a no más de una décima parte del total de sus páginas. Se puede deducir que, aun sin apartarse de los textos originales, en las citas se han omitido las repeticiones constantes. Así pues, cuanto se ofrece se ha aligerado únicamente de las aliteraciones fraseológicas pleonásticas.

Índice

Buda fue un personaje histórico que trató de dar un significado al dolor y a
as enfermedades, una explicación exhaustiva de la muerte, llevando a
hombre al término de aquellos renacimientos que, a causa de los egoísmos
y la sed de poder terrenal, arrastran incesantemente en la rueda de la vida.
La palabra de Buda, menos que una religión y más que una filosofía, es, en
definitiva, una doctrina realista, que enseña un modo de vivir según un
comportamiento ético. Un comportamiento que se basa esencialmente en el
distanciamiento total de las pasiones y del apasionamiento. No Dios, no el
alma, no el Infierno y no, pues, el Paraíso, sino el hombre frente a sí mismo
y con sus solas fuerzas es el responsable de cada uno de sus actos, artífice
de sus vidas por venir y del fin absoluto de cada uno de sus angustiosos
renacimientos: el Nirvâna. Esto es, en esencia, lo que predica el Iluminado
para que cada uno se convierta en Buda.

A pesar de ello, una gran parte del budismo se organizó después en forma
religiosa y, al contacto con las distintas creencias, los rituales, y las
prácticas incluso mágicas de los países en que se difundió, se alteró
considerablemente integrando una o varias divinidades, reinsertando el
concepto del alma, de los premios, de los castigos, del Paraíso y del
Infierno; se adaptó tanto al alto ideal del Zen –místico e intelectual–
como al esoterismo mágico-popular del tantrismo tibetano, o
manteniendo en el Pequeño Vehículo la doctrina ingenuamente
superficial de las primeras fraternidades de monjes.

Este libro pretende dar de todo ello un panorama rápido, preciso y
esencial, sucinto pero, en la medida de lo posible, completo.

En los límites de lo invisible

El budismo nace como método de vida para la comprensión racional del Ser, la realidad del existir, el cese de todo sufrimiento terrenal. La enseñanza de Buda entrega a la humanidad un conocimiento iluminado de la Realidad fenoménica.

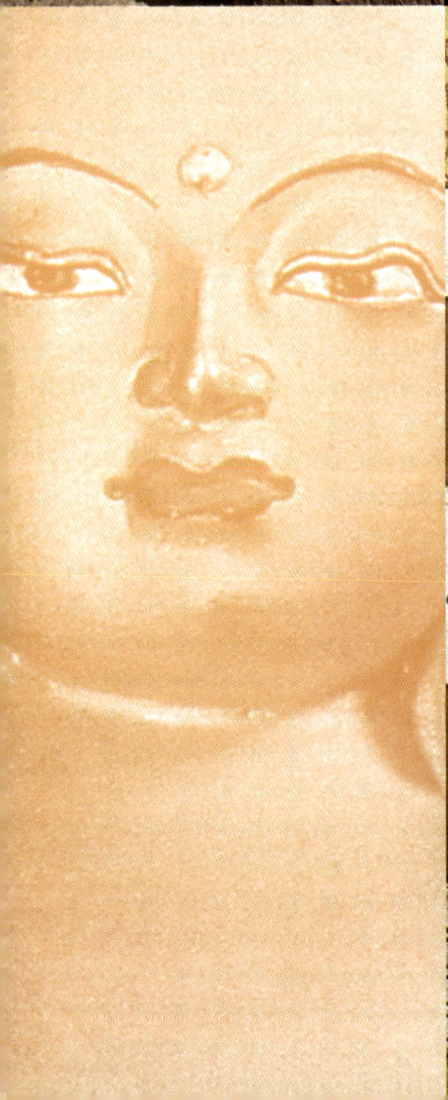

Los orígenes

Si de improviso nos sintiésemos asfixiar por esta "civilización del consumo" árida, materialista, carente de belleza romántica y espiritual, ¿a dónde huiríamos? ¿Dónde hallar un lugar sereno donde sumergirnos, siquiera en el río majestuoso y sereno de la tradición inmutable? Para esta ansia de paz, esta sed de lo divino que a menudo anida en nosotros –la mayoría de las veces sin encontrar solución adecuada– existen, ciertamente, algunas respuestas. Una de las más comunes es: "Hagamos un viaje a la India". En este inmenso continente, casi un tercio de Europa, se han sucedido grandes culturas, imperios fabulosos, acontecimientos ideológicos y científicos, y, sobre todo, escuelas de pensamiento y de misticismo de entre las más importantes del mundo que han dejado su propia huella aunque pueda parecer, en última instancia, que todo sigue inmutable. Un país extraordinario, donde se adora el fuego como se adoraba hace cinco mil años, donde se cultivan muchas zonas con los sistemas

Arriba: búfalo *d'acqua*. Escultura en piedra dura procedente de Mohenjo-daro (Pakistán). Civilización del Valle del Indo. Nueva Delhi, National Museum.

Abajo: los arios (Ârya), población nómada de Asia central, penetraron en India por el nordeste durante la segunda mitad del II milenio a. C. En la cuenca del Indo destruyeron la gran civilización del valle del mismo nombre, cuyas capitales eran Harappâ y Mohenjo-daro (Pakistán). Al inicio del primer milenio a. C. conquistaron el valle del Ganges y Kuruksetra (al sur de la actual Delhi) se convirtió en la "Tierra Santa" del brahmanismo. Surgieron después varios reinos arios, entre ellos el de Videha (actual Bihar), el de Magadha y, al norte del Decán, Daksinadèsa. En este ámbito, procedente del actual Nepal, empezó Buda su predicación cerca de Kâshî (la actual Benarés, o Varanâsi).

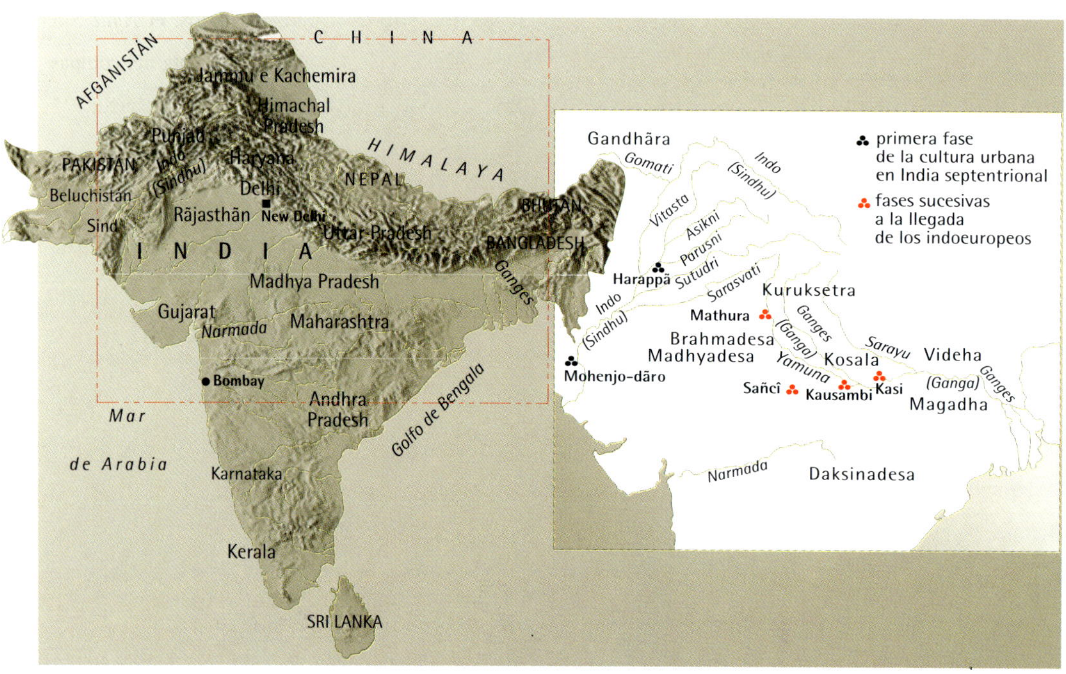

Arriba: vista de Mohenjo-daro, que atestigua el elevado nivel alcanzado en la planificación urbana.

Abajo: sello en relieve con la imagen de un rinoceronte (2500 a. C., Valle del Indo).

En un texto de hará unos mil años, el *Ngut Sut Vrvprathbeth,* podemos leer: "Una punta del compás fijada en la fuente del Stst [Sutlej], la otra abierta 777

de aquella misma época, y, sobre todo, donde evidencias que la ciencia y la medicina de nuestro tiempo declaran imposibles, parecen acontecer en la realidad cotidiana.

Es un país, en definitiva, que desde tiempos remotos mantuvo intercambios culturales y comerciales con Mesopotamia, Egipto, Grecia y Roma, pero al que aún relegamos hoy día, en nuestro pensamiento, a las fronteras del misterio y de lo inalcanzable, a pesar de que tuvo, efectivamente, una importancia de primer orden en los eventos del pensamiento y de la ciencia en su conjunto.

mulkh [aprox. 80 km]. Dentro de este círculo nacen tres ríos: Vrvith [Indo], Patruth [Ganges] y Thbeth [Brahmaputra]. El primero baja hacia el Oeste, el segundo hacia el Sur y el tercero al Este. Ninguno sube al Norte, ninguno va a la noche. Éstas son las aguas que han dado vida al conocimiento del ser y del devenir, del Uno y del Múltiple. Aguas madre, para quien quiera beber en la fuente del Inicio y conocer el principio del movimiento de los Mundos".

En efecto, hacia 3500 a. C. se desarrolló en el Valle del Indo una civilización que se cuenta entre las más importantes del mundo y está en el origen de un pensamiento filosófico y religioso que, en varios aspectos, sigue siendo activo y determinante.

Arriba: estructura urbanística de Mohenjo-daro y sus construcciones, alineadas de forma regular y ejecutadas en ladrillo cocido al horno tanto en los edificios como en los recorridos peatonales; la red de canalizaciones y pozos era compleja y eficaz.

Página contigua: Brahmâ de cuatro cabezas cabalgando a Hamsa, el "cisne" nórdico, su vehículo tradicional. Miniatura de estilo Râjpût Pahari de Mankot, c. 1720. Acuarela mate y oro sobre papel. Colección Hodgkin.

Totalmente ignorada hasta la primera veintena del s. XX, dicha civilización exhibe (a la luz de los vestigios recuperados, que no son muy abundantes) un urbanismo ejemplar, índice de una vida social particularmente avanzada. Ello es evidente al visitar las ruinas de sus capitales gemelas, Harappâ y Mohenjo-daro, con su red de canalizaciones urbanas y de cloacas impensables en la época para ningún otro lugar, equipos para servicios higiénicos públicos y privados sólo comparables a los actuales, manufacturas de una extraordinaria unidad estilística, ausencia total de murallas defensivas en un periodo en que las murallas de las ciudades constituían en todas partes la primera obra urbana; y ausencia casi absoluta de armas en un territorio donde, en cualquier caso, abundaban los animales feroces, como el tigre o el león de las cavernas, hoy extinguido.

Algunas hachas de bronce, recuperadas en los estratos más bajos de Mohenjo-daro, muestran que las gentes del Valle del Indo podían importar artículos de Mesopotamia adonde, según parece, exportaban materias primas. Esto no significa que no conociesen bien las técnicas metalúrgicas. Sabían realizar buenas aleaciones de bronce, aunque gran parte de sus utensilios eran de piedra.

Una larga evolución condujo a esta civilización a elaborar el concepto de un Dios origen del universo fenoménico, con una consiguiente cadena dual de

progresiones negativas y positivas que fue el origen de una realidad matemática: Dios estaba simbolizado por un punto *(bindu)*, punto del que derivó el signo gráfico del cero, con su secuencia correlativa de números positivos y negativos.

Los valores científicos, matemáticos y técnicos elaborados por esta antiquísima civilización del Valle del Indo alcanzaron Egipto siguiendo las rutas de difusión comercial de las especias indias. Así se transmitió, por ejemplo, la noción del codo áureo, el concepto de dualismo fenoménico, las especulaciones esotéricas –entre ellas el hermetismo–, y los ritos místico-religiosos originados en el Valle del Indo, o por lo menos su formación completa; prácticas que, en los siglos siguientes, pasaron al tantrismo hindú y al budismo.

Codo áureo

Se denomina "codo" a la unidad de longitud (la distancia desde el codo hasta el extremo del dedo pulgar, con el antebrazo doblado en ángulo recto y la mano extendida) establecida por la civilización asentada en el Valle del Indo y que después se difundió entre distintos pueblos.

*En el Valle del Nilo y Palestina se diferenciaban el codo real o áureo (0,525 m) y el codo pequeño (0,450 m). Para griegos (*perchys*) y romanos (*cubitus*) era de un pie y medio (0,443 m); para los musulmanes medía, según las zonas, de 0,444 a 0,592 m, además de otro codo fijo para las mediciones astronómicas.*

EN EL ANCHO RÍO DEL TIEMPO

A la India se deben algunos de los principales conocimientos astronómicos, la más que bimilenaria concepción del átomo, y las primeras formas de cognición especulativa que formaron la filosofía de los griegos. Le debemos el álgebra y el cálculo, y —como se ha dicho— esa cifra ideada en el Valle del Indo, que es la ínfima y, sin embargo, la más importante de todas: el cero. Los musulmanes fueron, después, el puente de paso mediante el que estas últimas disciplinas llegaron a Europa.

La notación musical y la denominación de las notas nacieron en India, donde hace más de dos mil años se escribió el primer tratado de teoría musical del mundo, el *Natya Shâstra* (s. IV a. C.). También el primer tratado sobre el arte del gobierno se escribió en India, en el s. III, el *Arta Shâstra* de Chanakya. Sin embargo, India no se vanagloria de estas preeminencias: toda civilización surge, desaparece y resurge, en el flujo eterno de la Vida. No nuestra breve vida, sino aquella otra, milenaria, de la humanidad destinada a durar, asimismo, un instante en este átomo de Infinito. Así pues, también la civilización del Valle del Indo desapareció en torno a 1500 a. C. Lo que le acaecería, andando el tiempo, al Imperio romano, invadido por los pueblos bárbaros, y lo que le ocurriría a China, invadida por los mongoles de Gengis Khan, le sucedió entonces a India, invadida por pueblos bárbaros nómadas, los arios, y el periodo del Valle del Indo, uno de los más significativos de la civilización humana, se consumió en un baño de sangre.

Para poder dominar mejor a los numerosos pueblos de la India conquistada, los arios instituyeron el sistema de las cuatro castas: los *brâhmana* o sacerdotes; los *ksatriya* o nobles, ya fuesen gobernantes o guerreros; los *vaisya* o artesanos, labradores y comerciantes; y los *shûdra* o parias, siervos sin derechos civiles. No había ninguna posibilidad de pasar de una casta a otra, de casarse con una persona de casta diferente de la propia. A las dos primeras castas pertenecían los conquistadores; a la tercera, los socios de los conquistadores y algunos de los principales de entre los pueblos sometidos que se habían aliado rápidamente con los invasores; a la cuarta, las gentes conquistadas.

Los arios tenían su propia religión mitológica —relativamente afín a la de otras tribus nómadas arias que

Página contigua:
Kalianasundaramûrti.
Bodas de Siva y Pârvâti
en presencia de Brahmâ,
Indra, Sûrya, Visnu,
Chhatingra y Bogra, s. XI d. C.,
Varendra Research Museum,
Pakistán.

Arriba: Devani y Krisna,
s. XI d. C., Lahore, Museo
Central, Pakistán.

invadieron en oleadas sucesivas Europa–, a la que añadieron la gesta de su conquista, creando grandes poemas religiosos. Sin embargo, no lograron eliminar por completo los valores espirituales de la sedentaria civilización del Valle del Indo. Representantes de esta cultura hallaron refugio en los altos valles del Himalaya, y sus teorías volvieron a florecer posteriormente en el tantrismo, el jainismo y el budismo. No es fácil distinguir qué parte del pensamiento del Valle del Indo sobrevivió en la compleja mitología védica, que a menudo sólo da cuenta de las conquistas y batallas de los arios y un "ritual del poder"; pero las comparaciones entre los distintos sistemas míticos del denominado mundo ario y las especulaciones mistérico-espirituales del Valle del Indo no son particularmente difíciles.

En todo caso, la base del pensamiento ario son los cuatro *Veda* (del término *veda*, conocimiento intuitivo/sabiduría primordial/conocimiento), compilados en sánscrito entre 2000 y 200 a. C., según algunos estudiosos, y entre los ss. XV y V a. C., según otros. Son el *Rig-veda* (los himnos sagrados, de *rk*, estrofa); el *Sâma-veda* (de *sâman*, canto litúrgico, melodía); el *Yájur-veda* (de *yajus*, fórmula sacrificial, jaculatoria); y el *Atharva-veda* (*atharvan* son los sacerdotes asignados al culto del fuego, culto que, con el sacrificio, está en la base de toda la religión brahmánica).

El individuo y el universo

"Tal es su grandeza (del brahman); más grande es el Púrusa (el ser universal, primigenio); un cuarto suyo comprende a todos los seres; de sus otros tres cuartos está hecha en el cielo la inmortalidad; lo que se llama brahman es el espacio exterior al hombre, mas este espacio que es externo al hombre, este espacio es el mismo que está en el interior del hombre, y este espacio que está en el interior del hombre es el mismo que está dentro del corazón. Es la plenitud (el absoluto), lo inmutable. Goza de plena prosperidad, inmutable, quien conoce esto en tal modo."

(Chândogya-úpanisad, III, XII, 6-9)

A partir de 800 ó 600 a. C. se incorporaron a los mismos varios manuales explicativos o integradores, de los que los principales son los *Brâhmana*, los *Âranyaka*, y los trece *Úpanisad* clásicos, que desarrollaron el concepto de *Brâhman-âtman*: (*Brâhman*, el Dios supremo incognoscible; *âtman*, el Sí individual del ser humano), que puede simbolizarse como un "gran fuego cósmico" generador de todas las cosas, de los dioses a los hombres, sus chispas que parten de él y a él vuelven.

Con el tiempo se fueron compilando gradualmente dos grandes poemas épico-religiosos que daban cuenta, en particular, de las conquistas arias de la India: el *Mahâbhârata* (de casi 220.000 versos) y el *Râmâyana* (de unos 24.000 dísticos). Entre 800 y 100 a. C. se interpoló en el *Mahâbhârata* el *Bhágavad-gîta*, "el gran poema

Página contigua: estatua de Durga, piedra revestida y pintada, probablemente la imagen más antigua de la diosa. Bhubaneswara, Orissa.

Izquierda: cabeza de Brahmâ en mármol, arte de Charsada, s. V-VI, Peshawar, Peshawar Museum.

Arriba: réplica de una cabeza de Buda. Arte grecorromano, s. VI. Tar-o Sâr, Palacio de los príncipes, Afganistán.

del Bienaventurado Krisna"; texto abundante en enseñanzas éticas, síntesis de los sistemas filosóficos indios, que lleva a cabo una vía místico-esotérica claramente derivada del Valle del Indo, uniendo la vía de la acción (*karma-yoga*) a la vía del amor (*bhakti-yoga*) para alcanzar la vía del conocimiento (*jnâna-yoga*).

Un gran siglo de fermentos

En el s. VI a. C., el intrincado sistema brahmánico ya no responde a las nuevas exigencias de una espiritualidad cada vez más ardiente; se abre paso la doctrina del *sâmkhya*, se consolidan nuevos conceptos en la ley del renacimiento producida por el karma, surge una religión nueva, el jainismo, y se desarrolla la enseñanza del hombre más grande de la época: Siddhârta Gáutama (Siddhattha en lengua pâli), llamado Buda.

El concepto de *samsâra* (reencarnación) era un concepto fácil, difundido sobre todo entre el pueblo. "Tal sea la acción (*karman*, del verbo *kar*, hacer) realizada por el hombre, tal será su existencia futura", dicen los *Úpanisad*. En la época budista, el concepto se explicó mediante este diálogo entre el rey Milinda (nombre pâli del rey indogriego Menandro, soberano de Punjab y de Sind en el s. II a. C., como sucesor de Demetrio de Bactriana y vencedor de Eucrátides en 160 a. C.) y el sabio Nâgasena: "¿Por qué los hombres no son similares? ¿Por qué tienen una vida larga o breve, salud o enfermedades, belleza o fealdad, poder o esclavitud?", preguntó el rey Milinda al sabio Nâgasena. Éste, a su vez, preguntó: "¿Por qué todas las plantas no se asemejan? ¿Por qué, según su especie, son ásperas, saladas, amargas, ácidas, astringentes, dulces?". "Merced a la diferencia de las semillas". "Así,

Jainismo

En la base del jainismo se hallan los conceptos indios de la reencarnación, de la liberación de las reencarnaciones y del karma; el precepto principal es no matar (ahimsa)*. El objetivo es sustraer el alma a la prisión de los continuos renacimientos para que alcance la extinción total* (Nirvâna)*. Todo cuanto existe posee un alma: consciente la humana, no consciente la de la materia. El principal instrumento que permite al alma alcanzar el Nirvâna a través de catorce durísimas etapas es la meditación* (dhyâna)*; y después, la observación de las tres joyas: Recta fe, Recto conocimiento y Recto pensamiento, que se adquieren gracias a un autocontrol constante* (gupti)*. A esta trinidad de valores corresponde un concepto cosmológico trinitario: mundo inferior, mundo central y mundo superior, que subsisten en eras sucesivas, constituidas por el sucederse de las doce grandes épocas* (kalpa)*.*

los hombres difieren por la diversidad de sus actos que, como semilla de ellos mismos, han plantado en las vidas anteriores". (*Milinda-pañha*)

Pero este concepto encerraba el alma en una prisión de continuos renacimientos. Se le opuso, entonces, la doctrina del *sâmkhya*, según la cual el ser humano se compone de tres partes: un cuerpo grosero que se disgrega tras la muerte; un cuerpo sutil e invisible, eterno, que renace en el curso de las distintas reencarnaciones; y el *purusha* o fuerza vital, que vuelve a emerger en las reencarnaciones, aunque sin estar sujeto a la ley del *karma*. El *purusha* puede hallar reposo si permanece separado de la materia; y el cuerpo sutil e invisible puede escapar a la ley del *karma* volviendo a la Materia eterna (la *prákriti*). *Sâmkhya* significa número. Enumerando todos los elementos que componen un concepto dado, o hecho, o cosa, se llega a su prueba metafísica, es decir, a la esencia última de su conocimiento. Así pues, no *Brâhman*, no *âtman*, sino dos principios básicos muy sólidos: materia y espíritu. El cuerpo es materia, el espíritu es aliento vital. Al margen de la intervención de los dioses –y, por tanto, al margen del poder temporal de los brahmanes–, el ser humano puede imponerse a sus propias acciones, subyugando, de este modo, al *karma* para alcanzar la liberación incluso en esta vida.

Pero, entre el s. VII y el VI a. C., surgieron en India otras corrientes de pensamiento, siempre basadas en la interrupción de la cadena de renacimientos. Entre sectas, teorías y divisiones, unas setenta creencias disputaron el paso al brahmanismo, al igual que ocurría en muchas zonas del norte del país, donde la casta de los nobles intentaba disputar el poder a los brahmanes.

Página contigua: Mahâvîra Jina, relieve rupestre (1468-1473) en Gwalior, Madhya Pradesh, India.

Izquierda: Shantanath y Kantanath, esculturas rupestres en la pared sudeste de Gwalior, Madhya Pradesh. El jainismo fue fundado por Cardhamana, un ksátriya nacido en Vaishâlî hacia 599 a. C. Cuando cumplió treinta años, sus padres se dejaron morir, pues el suicidio, logrado a base exclusivamente de ayuno, se consideraba un privilegio; él inició un peregrinaje por el valle del Ganges predicando la no violencia y fue llamado Jina Mahâvîra, "gran jefe victorioso".

El noble Mahâvîra (gran héroe), llamado Jina (el victorioso), contemporáneo de Buda, predicó la superación de la Ley del Karma gracias a la no violencia (*ahimsa*, no hacer daño). Puesto que las acciones derivadas de los deseos son como las toxinas que al acumularse en el cuerpo lo envenenan, es mejor, entonces, vencer el deseo de actuar, ya que para la Ley del Karma el hacer mal a los otros significa ineluctablemente hacerse mal a uno mismo. Ésta es la base del jainismo.

Una de las mayores personalidades indias de nuestro tiempo, Mahâtma Gandhi, escribió: "La no violencia es una lucha contra el mal más activa y eficaz que la ley del talión, cuya naturaleza tiene por efecto desarrollar la perversidad. Yo pretendo luchar contra todo lo inmoral gracias a la confrontación mental y, en consecuencia, moral. Intento embotar por completo la espada del tirano no cruzándola con una espada de acero mejor afilado, sino eludiendo su expectativa de una resistencia física. Él hallará en mí una resistencia del alma que escapará a su asedio. Esta resistencia primero lo cegará, después lo obligará a doblegarse, y el hecho de doblegarse no humillará al agresor, sino que lo elevará. Puede afirmarse que éste es un modo de actuar ideal. De hecho, lo es".

("*Young India*", 11 de agosto de 1920)

El jainismo aún cuenta en India con al menos un millón y medio de seguidores, aunque las teorizaciones actuales están por fuerza bastante alejadas de las enseñanzas formuladas por Mahâvîra Jina.

Izquierda: Mahâvîra, en el acto de renunciar a los valores del mundo, consagrado por el dios Shakra, con la aureola y el parasol que indican sus atributos reales y divinos.

Página contigua: el nacimiento de Buda, escultura en esquisto verde, arte de Gandhâra, Karachi, Museo Nacional, Pakistán.

Y NACIÓ UN PRÍNCIPE

En los confines de este subcontinente, auténtico universo de pensamiento y de pueblos, entre India y Nepal, al nordeste del estado de Kosala, florecía en el s. VI a. C. la confederación de los sakya, con capital en Kapilavastu (Kapilavatthu). Aquí, la fuerza de los invasores arios había llegado suavemente, como la ola del mar sobre la arena, y el poder de los brahmanes casi se debilitaba por la lejanía de los grandes centros de poder. Allí, en el mes de *vaishâkha* (abril-mayo) de 558 a. C. (la más fiable de las fechas propuestas por los estudiosos, que van de 563 a 536), nació el príncipe Siddhârta (Siddhattha en pâli), hijo del rey Suddhodana y de su primera mujer, Mahâ-Mâyâ. Era de la dinastía Gótama, por lo que se "apellidaba" Gáutama; luego se le llamó también Shâkyamuni (*muni* [asceta] de la estirpe Shâkya), Bhabava (el que posee la felicidad, el Bienaventurado), Tathâgata (el que ha llegado, el Perfecto), Jina (el Victorioso), y sobre todo Buda (el Despierto, el Iluminado).

El nacimiento

"Inmenso el cortejo de divinidades que acompañan a Bodhisattva en el momento de su partida, milagroso su penetrar en el seno de Mâyâ bajo la forma de un elefante blanco de seis patas, milagrosa la transparencia del vientre de Mâyâ, que le permite "ver" claramente en su propio seno al que ha de nacer, igual que a través del estado cristalino de una piedra preciosa se puede ver el hilo azul, o amarillo, o rojo en el que está enfilada."

· (Dîgha-nikâya, Mahâpadânasuttânta, I, 21)

El nacimiento tuvo lugar en el parque de Lumbini (hoy Rummindei) y, según la hagiografía religiosa, ocurrió de forma milagrosa. De hecho, los budistas reconocen dos vías para acercarse a la vida de su fundador: la de los ojos y la del corazón. La vía del corazón acepta todas las leyendas, los milagros, la deificación; la de los ojos sólo cree en lo visto, en los hechos tangibles, en pruebas o testimonios irrefutables.

La vía del corazón dice que la reina Mâyâ, virgen aún tras treinta y dos meses de matrimonio observando un riguroso ascetismo, vio en sueños un elefante blanco que la golpeó en un costado. Diez meses más tarde nació Buda saliendo de su costado mientras ella, de pie, se asía a las ramas de una higuera. A esta leyenda se asocian, además,

Arriba: Mâyâ, mujer del jefe de los sâkya Suddhodana, ve en sueños que un elefante le traspasa el costado derecho; detalle de una escultura en piedra, arte de Gandhâra, Lahore, Museo Central, Pakistán.

Izquierda: nacimiento de Buda. Arte tardío de Gandhâra, s. x, Katmandú, Museo Nacional, Nepal. El arte de Gandhâra floreció entre los ss. I y V en Afganistán y en el norte de India bajo el imperio escita-iraní de los kushana, y aportó a la religión budista las primeras imágenes de Siddhârta Gáutama, representado anteriormente mediante símbolos abstractos.

Página contigua: el mapa muestra los principales lugares de origen del budismo y el jainismo y, por ende, los lugares fundamentales de peregrinación de Siddhârta, desde las primeras etapas hasta el momento de la Iluminación y de la muerte.

las palabras que pronunció enseguida el neonato, los siete pasos que dio hacia las siete direcciones del universo, y el hecho de que de las huellas de sus pasos nacieran flores de loto, símbolo de pureza. A las costumbres de la época pertenece la presentación del niño en el templo del dios Abhaya; lo que quizá sea también leyenda es que los brahmanes hallaran en su cuerpo las treinta y dos grandes señales y las ochenta y dos pequeñas señales del "gran hombre", mientras que el sabio Asita profetizaba que Siddhârta se convertiría en un poderoso emperador o en un asceta que liberaría al mundo de los males. Siete días después de su nacimiento, murió su madre, encomendando al hijo a su hermana Mahâprajâpatî, mujer también del rey, según una costumbre de la época que permitía la bigamia entre los shakya.

El padre, impresionado por la profecía de Asita, y para que Siddhârta no conociese los males del mundo y no eligiese la vía ascética, le crió entre las murallas de un palacio y un jardín construidos a este propósito, entre las risas y los cantos que alegraban sus días, lejos de los sufrimientos y las miserias de la vida cotidiana, ignorante de cómo se desarrollaba la vida del pueblo; mas no por ello negligente o irreflexivo. Instruido en las distintas artes, estudiaba intensamente, leía todos los textos religiosos y los poemas clásicos, y se curtía en porfías y duelos con una superioridad excepcional.

A los dieciséis años se enamoró de una mujer de su misma tribu, Gopä Yashodara (los dos nombres pueden indicar mujeres diferentes, dado que la bigamia era, como se ha indicado, costumbre de la época), y la desposó tras derrotar a otros pretendientes en un concurso de tiro con arco. Estas vicisitudes de Buda, enriquecidas a medida que la hagiografía idealizaba la vida del Iluminado, se narran en las *jâtaka* (*Relatos del nacimiento*), pero se leen en clave simbólica, pues no representan sucesos reales, sino el camino seguido por cada ser humano en su evolución espiritual y esotérica.

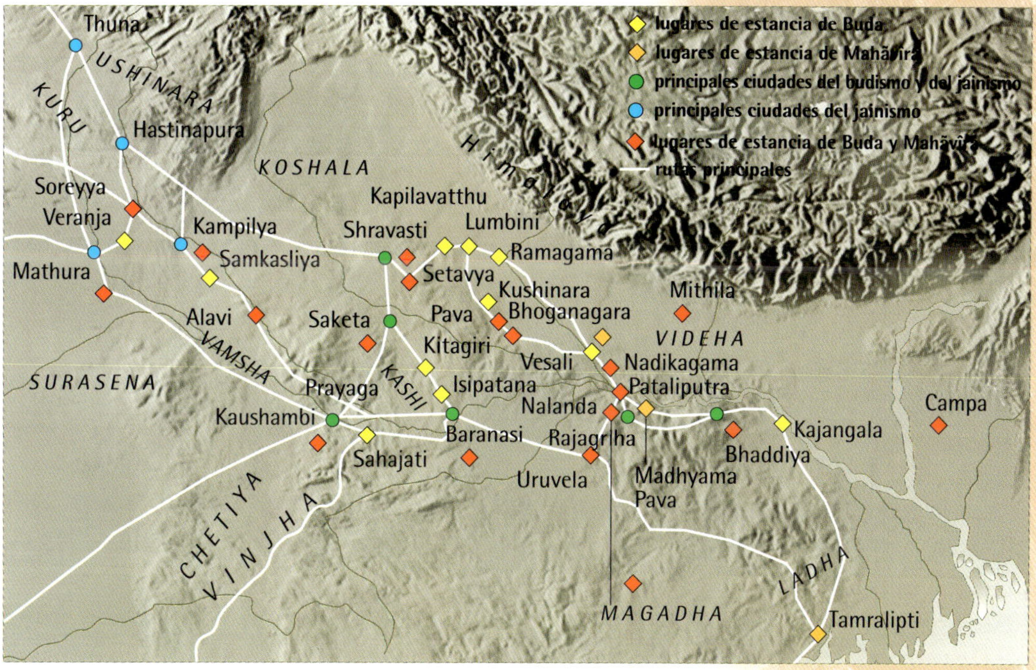

LOS ENCUENTROS

Los años transcurrían dulcemente para el joven príncipe entre los tres palacios y los cuatro jardines de que su padre le había ido haciendo donación. Sin embargo, un día en que iba de un jardín a otro en el coche guiado por el fiel Channa, quiso cambiar de itinerario y encontró en su camino a un anciano de ochenta años que marchaba bajo el peso de sus achaques. "¿Por qué sufre ese hombre? ¿Cómo está tan decrépito?", preguntó Siddhârta al cochero. "Es lo que les ocurre a todos, mi señor", respondió aquél. Así supo que todos envejecemos.

Salió una segunda vez y, tras cambiar nuevamente de calle, vio a un apestado que gritaba de dolor. Supo así de la existencia de la enfermedad. Otro día, en un recorrido distinto y más largo, halló un cortejo fúnebre, y le impresionó el llanto y el dolor de los parientes que acompañaban al difunto. Y conoció la existencia de la muerte.

Una cuarta vez vio a un asceta que andaba mendigando, la ropa harapienta, pero con una expresión serena en el rostro. "¿Qué hombre es éste?", preguntó al cochero, quien le respondió que se trataba de alguien que había elegido "una vida sin morada".

besó a su hijo que dormía, ensilló el caballo Kanthaka, y se hizo acompañar por el fiel Channa hasta la entrada del bosque.

Por el camino, encontró a una muchacha que, apenas le vio, se enamoró locamente de él y se puso a cantar: "En verdad es feliz su madre, en verdad es feliz su padre, en verdad es feliz la esposa que tiene semejante esposo".

Página contigua: un rey deleitándose en el interior de una tienda. Fresco del s. XIII-XIV, Ladakh, monasterio de Alchi, India.

Izquierda: Siddhârta gana el concurso de tiro con arco. Fresco del s. XVIII, Matale, monasterio de Dambulla, Sri Lanka.

Abajo: el joven Siddhârta honrado en palacio. Fresco del s. XVIII, Matale, monasterio de Dambulla, Sri Lanka.

Volvió al palacio, donde se festejaba el nacimiento de su hijo Râhula (¿529 a. C.?). De noche, discurrió pensativo entre los invitados, las concubinas, las danzarinas, que dormían descompuestos como muertos, y comprendió la vacuidad de aquella vida, la vanidad de los placeres terrenales. Entonces se sintió empujado a renunciar totalmente a la vida mundana, hecha de placeres caducos y de oropeles sin consistencia. Despertó a su padre y le pidió permiso para refugiarse entre los Maestros del Sâmkhya (la vía ascética que, admitiendo la existencia de innumerables almas inmateriales, ofrecía la "salvación de la prisión de los renacimientos"). Acarició, sin despertarla, a su mujer,

El príncipe Siddhârta deja el palacio paterno en busca de la verdad.

Fresco del s. XVIII en el monasterio de Dambulla, Sri Lanka.

Llegado al límite del bosque, Siddhârta descabalgó, se cortó con la espada los largos cabellos, se despojó de las ricas vestiduras y los adornos de oro, y se los entregó al cochero, a quien devolvió a palacio. Después, se encaminó hacia el Sur, sediento de paz y de ascesis. Así fue como, en la noche de su veintinueve cumpleaños, Siddhârta se había convertido en un *bodhisattva*, alguien "en la Vía de la Iluminación": un Buda en potencia.

Mortificación no es conocimiento

Gáutama peregrinó, errante, por siete años en busca de la verdad. Tras haber permanecido en un primer momento junto a un grupo de maestros de los que aprendió todas las "Teorías de la perfección", comprendió que aquellos sabios, todo especulaciones y nada de espíritu, carecían de respuestas concretas a sus preguntas.

Partió entonces hacia Vaishâlî (Vesâli), a la escuela del brahman Ârâda Kâlâma, que enseñaba la "Doctrina de la esfera de la nada". Severos ejercicios físicos y privaciones constantes debían conducir al individuo a la inconsciencia, adecuándolo así

Izquierda: el ejercito demoníaco de Mâra se apresta a atacar a Siddhârta Gáutama inmerso en su meditación. Relieve de Gandhâra.

Arriba: Siddhârta Gáutama meditando. Escultura de las grutas de Dunhuang, Gansu, China.

a la quietud primordial del universo. Siddhârta desdeñó esta inútil enseñanza. Fue luego discípulo de Âlâra Kalaya, un noble ksatriya que, tras abandonar también los fastos de la corte, practicaba un ascetismo consciente (según algunos exégetas, parece que Ârâda y Âlâra sean la misma persona). Siddhârta aprendió a buscar la verdad en la interpretación emblemático-mística de los textos sagrados védicos; pero el saber del tiempo se le antojaba constreñido entre secuencias cristalizadas de frases rituales vacías. Repudiado también este maestro, salió de Vaishâlî y alcanzó los montes Pandava, cerca de Râjagrha, capital de Magadha. Allí, el gran asceta Udraka Râmaputra lo instruyó en la concentración profunda, gracias a la cual, dominando el cuerpo, se podía alcanzar la identificación en sí del alma primera, genuina, auténtica. Gáutama había

llegado así a ser el *sâkya-muni*, el asceta de la estirpe Sâkya. Comprendió sin embargo que la elevación de brahmanes y santones llevaba, ciertamente, a la santidad individual, pero no a la salvación, y menos todavía a una salvación válida para toda la humanidad. Abandonó, también, la enseñanza de Udraka Râmaputra y, seguido por cinco conpañeros, Âjnâta Kaundinya (Annâta Kondanna), Bhadrika (Bhad-diya), Vâspa (Vappa), Ashvajit (Assaji) y Mahânâman (Mahânâma), en los que había suscitado profunda admiración por su sed de saber, se retiró al bosque de Uruvilvâ, cerca de Gayâ, a orillas del río Vairanjanâ (Lilani).

La larga estancia a orillas del Vairanjanâ duró seis años. Seis largos años de privaciones. Según la leyenda, Siddhârta se alimentaba a menudo de un solo grano de arroz al día; a veces permanecía quieto, en pie, durante semanas, debilitando la carne hasta el punto de hacer vacilar el espíritu. Al final reconoció la inútil vanidad de estas mortificaciones, tan ambiciosas como la sed de poder, y así descubrió la "Vía media", rechazando todo extremismo, reprobable y dañino. Sujâtâ, la hija de un arrendatario, solía llevar como oferta al pie de un árbol sagrado cuajada de arroz en una taza de oro. Un día, hallándose al pasar ante Siddhârta, le ofreció la taza de oro con la cuajada, y aquél dividió el arroz en cuarenta y nueve porciones (para las siete semanas siguientes), comió una y arrojó la escudilla vacía al río; ésta permaneció milagrosamente a flote y empezó a remontar a contracorriente.

Tras haberse restaurado, Siddhârta, que cumplía treinta y cinco años aquel día, vistió el sudario que le ofreció una esclava moribunda (lo que refleja una costumbre yóguica) y se bañó en el río. Entonces, sus cinco compañeros, al ver que renunciaba al rígido ascetismo anterior, lo abandonaron desdeñosos, y se encaminaron hacia Varanâsi. Era la noche de la luna llena de mayo. Tras descansar sobre un prado florido a orillas del río, Siddhârta se dirigió hacia Gayâ. Por el camino, encontró a un brahman (según la exégesis, se trataba del dios hindú Brahmâ con aspecto mortal) que recogía hierba para un sacrificio e hizo que le diera ocho manojos, con los que dispuso un lecho bajo un árbol de pîpal (higuera de las pagodas). Las tropas del demonio Mâra (la Ilusión) se acercaron reclamando aquella suerte de trono. Entonces, el futuro Buda tocó la Tierra con la mano derecha llamándola a dar testimonio de que aquel trono era suyo por derecho. Mâra, dios de los placeres de los sentidos, reiteró los asaltos empujando a sus ejércitos de demonios, y tinieblas, y fuego, y lluvia de piedras, de arena y de cenizas, al punto que hasta los dioses que habían acudido en ayuda de Siddhârta huyeron; mas él, "el Bendito por excelencia", permaneció inmóvil, inmerso en su propia meditación. Durante aquella primera noche pasó revista a sus reencarnaciones anteriores, sus correspondientes causas, y los sufrimientos consiguientes.

Llegó a tocar los distintos niveles de la existencia material, las múltiples realizaciones del Yo, y gradualmente alcanzó, por último, la comprensión suprema del ser y de su realidad. La segunda noche recorrió su "última" vida terrenal y las enseñanzas que le habían dado las numerosas experiencias. Extrajo del propio consciente la experiencia del placer, del dolor, de la mortificación mística, del sufrimiento del mundo, y de cuanto la religión le había revelado. La vía terrenal sólo es apariencia, es como el reflejo de la luna que relampaguea sobre las inmóviles aguas de un estanque; pero, en efecto, la luna brilla alta en el cielo. A su vez, la luz que parece emanar de un satélite es, de hecho, el reflejo de la solar, aunque el Sol sea invisible en la noche. Así, en el lago del corazón humano se agita un reflejo (el *âtman*) del alma universal (el *brahman*).

Muerto el hombre, la imagen retorna a su origen, y se refleja después en otro ser, en una continua repetición, como una suerte de "condena a vida". Tras ese "cumplimiento del sentir" y "cumplimiento del pensar", una paz inmóvil y sin límites impregnó la tercera vigilia de Siddhârta. Fue entonces cuando comprendió que el consciente es el resultado de imposiciones, de preconceptos, de nociones ilusorias, aprendidos a partir del nacimiento, que constituyen en torno al auténtico "yo" una estructura ficticia que modifica su esencia. Había alcanzado la Iluminación, se había convertido en Buda.

Página contigua, arriba: Liarhat Nagasena. Fresco de ss. XVII-XVIII. Monasterio de Sinon, Sikkim.

Abajo: las tres hijas de Mâra: Concupiscencia, Voluptuosidad e Inquietud; éstas intentaron inútilmente tentar a Buda la noche que precedió a la Iluminación. Arte de Nepal.

Derecha: Buda bajo el árbol de la Iluminación, tocando la Tierra con la mano derecha para llamarla a atestiguar su victoria contra los demonios de Mâra. Relieve en esquisto verde.

El supremo don de sí mismo

Buda permaneció absorto en meditación. En efecto, había renunciado a todo para poder llevar a cada ser humano el conocimiento que libera de los continuos renacimientos. ¿Debería hacerlo? ¿No era mejor encerrar la existencia propia y disolverse en la trascendencia infinita?

Aún estaba agitado por la duda, pero poco a poco la verdad se le imponía cada vez con más claridad: "¡Qué miserable es este mundo! Envejece y muere para renacer, envejecer y morir hasta el infinito... ¿No será la causa de ello, quizá, el nacimiento y el deseo del nacimiento?... Matando el deseo que conduce de nacimiento en nacimiento se impedirán nuevos nacimientos y nuevos dolores. Sólo hay un medio para extinguir el deseo: llevar una vida pura". Gáutama había superado así el Superconsciente, entidad a la vez individual y universal que vaga a un tiempo por el pasado y por el futuro, conectando entre ambos la mente del individuo y el universo infinito.

Pasó otras cuatro semanas escrutando el Cosmos con su pensamiento, sin abandonar nunca su lecho. Ofreció luego a sus discípulos esta explicación de lo que había experimentado: "Yo perseveré constante sin vacilar, con la mente clara, sin sorpresas, con los sentidos tranquilos, sin agitación, con ánimo recogido, unificado. Alejado de los deseos y las pasiones permanecí no sensible, no pensante, en un estado nacido de la paz, de la bienaventurada serenidad. Así alcancé la primera contemplación... Tras el cumplimiento del sentir y del pensar logré la calma interior, la unidad de la voluntad, la libertad del sentir y del pensar nacida del recogimiento: la bienaventurada serenidad, la segunda contemplación. En serena paz permanecí ecuánime, sabio, claro, consciente. Así alcancé la tercera contemplación. Tras el rechazo de alegrías y dolores, tras la anulación de la alegría y la tristeza logré la pureza perfecta, no-alegre, no-triste, ecuánime, equilibrada: la cuarta contemplación. Se había destruido la ignorancia,

Las tentaciones

"*... Demonios invisibles y aterradores, con ojos como brasas, deformes en su cuerpo animalesco, con mil cabezas, espectros, larvas y duendes, con guirnaldas de cráneos, que vomitaban serpientes y arrojaban montañas, rayos y flechas (cuyas puntas, sin embargo, se rompían ante Siddhârta transformándose en flores abiertas)...*"

(Oscar Botto, Buddha e il Buddhismo, *Mondadori, 1984)*

Página contigua: Gáutama meditando observado por las divinidades y las manifestaciones de la naturaleza fenoménica. Arte de Gandhara, s. VIII.

Izquierda: Mâra como "señor del cielo supremo" a la grupa de un elefante; fresco del templo de Telvatta, Galle, Sri Lanka.

Arriba: Buda predicando, con la mano izquierda en gesto de protección, mientras unas mujeres traen ofrendas y dones. Taxila, Museo arqueológico.

había nacido el conocimiento, se había disipado la oscuridad, conquistado la luz, mientras que, con propósito decidido, permanecí resuelto e inmóvil" (*Samyutta-nikâya*, 52-58 [2]).

La Ilusión trató aún de conducirlo nuevamente a la materialidad terrenal enviándole a sus bellísimas hijas: Concupiscencia, Inquietud, Voluptuosidad. A los ojos puros del Iluminado, éstas perdieron su bella, aunque vana, apariencia. La Ilusión trató entonces de quebrar su voluntad poniendo ante él la espantosa inmensidad de la tarea que se proponía llevar a cabo; lo difícil que era explicar el conocimiento alcanzado a una multitud de seres humanos cegados por la ignorancia, el deseo y el odio. Peor aún: aquel conocimiento podía servirles para ulteriores abusos y ambiciones. La duda helaba el corazón del santo asceta (*arhat*), mas su inmensa compasión por los sufrimientos humanos le permitió superar también esta última prueba y tocó de nuevo la Tierra con la mano derecha para que diera testimonio de ello. La leyenda cuenta que la Tierra se le apareció en forma humana, alejando a la Ilusión y derrotando a sus numerosas tropas de demonios. Entonces Buda prorrumpió en el Canto de la Victoria: "Muchas moradas de vida me han encarcelado, y siempre busqué al constructor de esa cárcel de los sentidos, evidenciada por el dolor. Mi lucha fue terriblemente dolorosa, pero ahora conozco al constructor de este tabernáculo. Nunca más construirá estas murallas de dolor, ni alzará el arquitrabe de la mentira, ni pondrá nuevas vigas en el armazón humano. La morada se derrumba y el arquitrabe se quiebra, porque ahora conozco el nombre del constructor: Ilusión". Entonces se alzó encaminándose hacia Benarés.
(*Suttapitaka Dighanikâya*)

El sermón de Benarés

De camino a Benarés (Varanâsi), Buda conoció a Trapussa y Bhallika, dos comerciantes extranjeros que viajaban con una caravana y les convirtió a su doctrina. Ello sería interpretado de inmediato como el símbolo de la posterior difusión del Verbo budista por todo el mundo. Cuando alcanzó por fin Sârnâth, encontró en el Jardín de las Gacelas a los cinco compañeros que anteriormente le habían abandonado y les dijo: "Yo soy el Tathâgata, el que 'ha venido' para enseñaros la Ley a vosotros, los primeros".

Buda calló durante la primera noche de vigilia; la segunda noche habló de sus experiencias pasadas; la tercera noche pronunció el "sermón que puso en movimiento la rueda del Dharma, es decir, de la Ley" (*Dhammacakkappavattanasutta*). "He aquí la verdad sobre el sufrimiento y la insatisfacción: nacer es dolor, la vejez es dolor, como también lo son la muerte, la unión con aquél a quien no se ama, la imposibilidad de obtener lo que se desea... He aquí la verdad santa sobre el origen del sufrimiento e insatisfacción: el deseo, el no dominio, la ignorancia... He aquí la verdad santa sobre la supresión del sufrimiento e insatisfacción: desistir del pecado, lograr la virtud, purificar el corazón... Del placer viene el dolor, del placer viene el miedo: quien se ha liberado del placer no conoce sufrimiento e insatisfacción ni miedo. Del afecto viene el sufrimiento e insatisfacción, del afecto viene el miedo: quien se ha liberado del afecto no conoce ni miedo. De la codicia viene el sufrimiento e insatisfacción, de la codicia viene el miedo: sin codicia no hay sufrimiento, insatisfacción ni miedo. Del deseo viene el sufrimiento e insatisfacción, del sufrimiento e insatisfacción viene el miedo: sin deseo no hay sufrimiento, insatisfacción ni miedo. De la gula viene el sufrimiento e insatisfacción, de la gula viene el miedo: sin gula no hay sufrimiento, insatisfacción ni miedo... El sufrimiento e insatisfacción viene del deseo. El hombre se aferra perdidamente a sombras; sitúa en el centro de todo un falso yo y lo rodea de un mundo imaginario. Cuando su alma lo abandone, partirá saturada de bebidas envenenadas. Entonces, renacerá con el deseo de beber de nuevo" (*Suttapitaka Dighanikâya*, 22).

Buda explicó después la vía de los ocho senderos, que conduce a la supresión del sufrimiento e insa-

Arriba: cuerpo acéfalo de Buda en Dharmacakra mudra, o sea, el movimiento que pone en marcha la rueda de la doctrina. Delhi, Museo Nacional, India.

Página contigua: Buda en el momento de pronunciar su primer sermón. Bronce dorado, arte mongol. Ulan Bator, palacio de BodgKhân, Mongolia.

Monje del Pequeño Vehículo componiendo el símbolo de la Rueda de la Doctrina, de ocho rayos, con flores rojas ante el altar de la meditación.

tisfacción; es la vía que se encuentra en el justo medio entre el ascetismo y la vida mundana. Descubierta por Buda, dicha vía abre los ojos del espíritu, conduce a la quietud, a la noción de la Realidad, al conocimiento, a la sabiduría, a la iluminación, y al Nirvâna (*Nibbana*), que es la aniquilación total, la extinción definitiva de todos los nexos causales que conducen al renacimiento condicional. El Nirvâna es conocimiento de la nulidad de los elementos mínimos cuya agregación conduce a la vida, y es, por tanto, la liberación absoluta del sufrimiento e insatisfacción. Los ocho senderos que hay que seguir para llegar al Nirvâna son: fe pura, voluntad recta, lenguaje justo, acciones claras, vida práctica justa, memoria recta, meditación pura, y aplicación constante. Después, Buda explicó la realidad del no yo y la fenomenología de las doce causas concatenadas: "De la ignorancia derivan las formaciones, de las formaciones el conocimiento, del conocimiento la noción, de la noción los sentidos, de los sentidos el contacto, del contacto la sensación, de la sensación el deseo, del deseo el apego, del apego la existencia, de la existencia el nacimiento, del nacimiento el sufrimiento". Oído el sermón, los cinco compañeros se adhirieron al Dharma. Poco después se convirtió Yashas, hijo de un banquero de Benarés. Fue el primero en pronunciar la fórmula ritual de la consagración al monacal budista: "Logro mi refugio en Buda, logro mi refugio en el Dharma, logro mi refugio en el Sangha".

Buda había alcanzado en la vida anterior el límite extremo del conocimiento. Habría podido no renacer más, pero había elegido una nueva vida terrenal como supremo sacrificio del sí a fin de llevar a los seres humanos el conocimiento que le había liberado de la rueda de los continuos renacimientos. Y así, al final de la estación de las lluvias, cuando decidió partir para Uruvilvâ (Uruvelâ), ya lo seguían sesenta monjes.

La pilastra

"*[En Benarés] hay una stupa de piedra construida por el rey Asoka... delante del edificio hay una pilastra de piedra... Aquí, Tathagâta [Buda], llegado a la Iluminación, empezó a hacer girar la rueda de la ley [es decir, a predicar].*"
(Hsüan-tsang s. VII d. C. Si-yu-ki, VII)

La "rueda de la vida"

Buda trazó en el suelo la "rueda de la vida" con las tres causas del dolor, los seis estados de transmigración y las doce etapas de la existencia humana. Explicó que en la rueda de la vida está comprendido todo cuanto existe, y todo cuanto está comprendido está apresado en el torno de lo mudable.

Dharma (o dhamma) es un término que abarca numerosos significados. Es la Ley, Norma, o Doctrina, revelada por Buda, o sea, las cuatro "Nobles verdades". También puede significar "la realidad de las cosas". En plural indica los elementos mínimos de la realidad física, psíquica o del pensamiento intuitivo, insignificante en sí mismos, pero de cuya agregación se origina la existencia humana que es, en todo caso, consecuencia de las acciones realizadas en las vidas anteriores.

Sangha es la comunidad monástica, la Orden de los monjes budistas. El primer grupo comunitario de una cierta entidad quizás lo representen los sesenta monjes a quienes Buda confió la tarea de predicar la Doctrina y buscar nuevos adeptos, el grupo que lo siguió a Uruvilvâ.

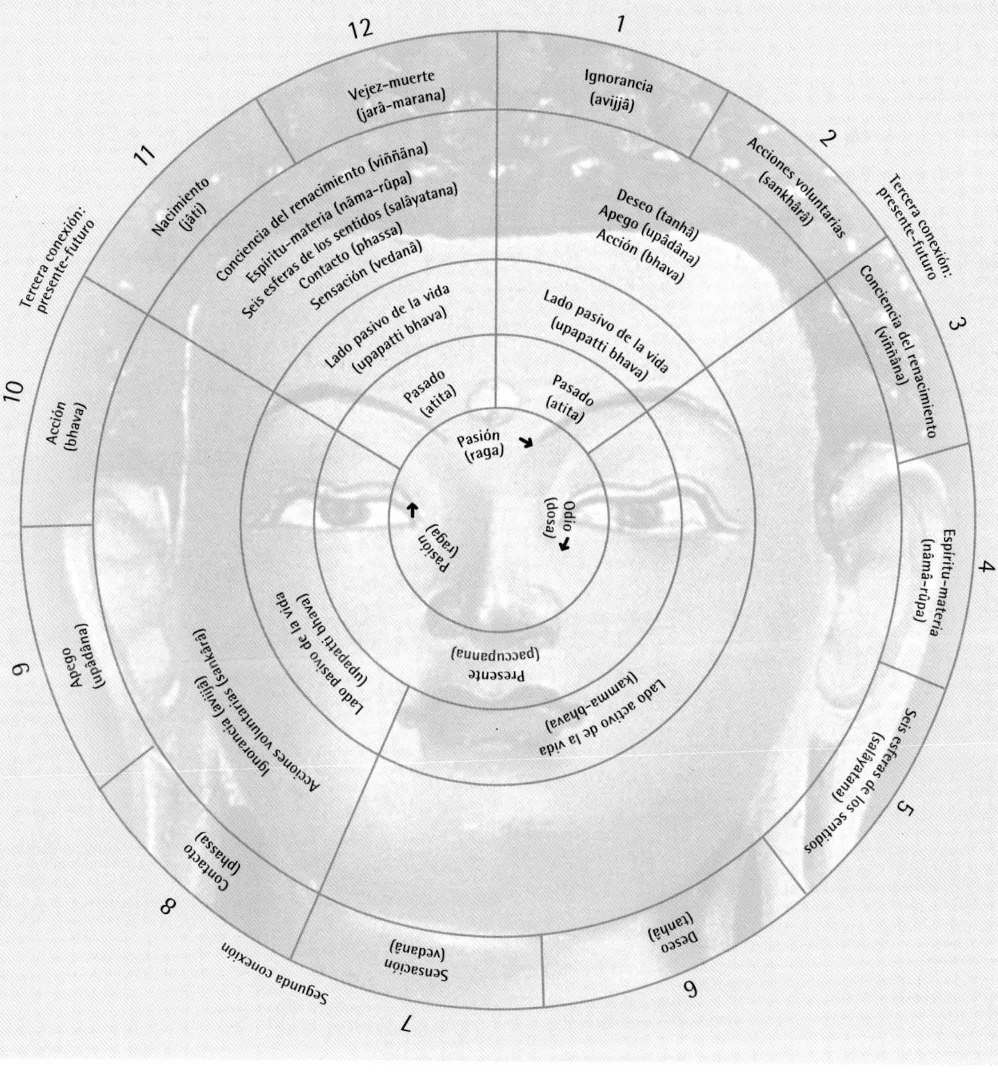

Parábolas como un bosque de bambú

Durante el largo camino hacia Uruvilvâ, fueron multitud quienes escucharon los sermones de Buda. Son famosas las parábolas "Sobre la podredumbre del mundo" y "Sobre la búsqueda del yo". A un grupo de comerciantes y guerreros que, debiendo descansar juntos en el mismo lugar, se despreciaban y disputaban de continuo entre sí, les dijo: "Matar, asesinar, herir, encarcelar, robar, mentir, engañar, estafar; y la hipocresía, el adulterio, los deseos desmedidos, la avidez de placeres, vivir en la suciedad, el nihilismo, el desarreglo, el error, constituyen la podredumbre del mundo. La vulgaridad, la crueldad, la maledicencia, traicionar a los amigos, ser arrogante con todos, ser avaros, mezquinos; y la ira, la soberbia, la obstinación, la rebeldía, la falsedad, las vanidades, la envidia, la jactancia, la presunción y las amistades vulgares son la podredumbre del mundo. El comportamiento incorrecto, las deudas, la calumnia, el engaño con trampas legales, el fingimiento y los actos indignos e innobles de las personas abyectas son la podredumbre del mundo. No respetar a los seres vivos, apropiarse de los bienes de otros, molestar continuamente al prójimo, cazar animales con crueldad, ser descorteses y maleducados, he ahí la podredumbre del mundo. Actúe el sabio vigilando sus propios sentidos y dominando sus propias facultades, sólido en la Doctrina, regocijándose en la rectitud, superando

El templo más antiguo de adoradores del fuego, de donde los parsi extrajeron el concepto básico de su culto. Surakhany, península de Apseron, Azerbaiján.

el apego, liberándose de la ansiedad. Actuando así no se contaminará de lo que vea y oiga, y así no será tocado por la podredumbre del mundo" (*Suttapitaka Dighanikâya*, 18, 16).

Más tarde, Buda encontró un grupo de treinta amigos que estaban comiendo en un prado. Veintinueve habían llegado con sus mujeres, y uno con una compañera ocasional que acababa de huir llevándose cuanto él poseía. Al joven así engañado, que le preguntaba si podía decirle dónde se había escondido la mujer, el Iluminado le respondió. "¿Qué piensas? ¿Qué es lo mejor para ti? ¿Buscar a esa mujer o buscarte a ti mismo?".

Ya en Uruvilvâ, mientras dirigía un sermón a un grupo de adoradores del fuego, guiado por el asceta Kâshyapa (Kassapa), importante brahman de estirpe védica, les dijo: "Todo es presa de las llamas, todo está abandonado a las llamas, las impresiones que el ojo recibe están abandonadas a las llamas, y toda sensación está igualmente abandonada a las llamas. ¿De qué llamas se trata? De las llamas de la lujuria, de la ira y de la ilusión. De esas llamas hablo. Y esas mismas llamas devoran los demás sentidos y la mente. El hombre sabio observa con disgusto las cosas de los sentidos, alejando así de su corazón la causa del sufrimiento" (*Suttapitaka Dighanikâya*, 24, 3°16).

El siguiente mes de enero partió con sus seguidores camino de Râjagrha, capital de Magadha. El rey del lugar, Bimbisâra, les ofreció un banquete durante el cual donó al Iluminado un jardín llamado "el bosquecillo de bambú" Venuvana (Veluvana), donde Buda organizó el primer vihâra (convento) de la Orden (*vihâra*, convento, quizás de *vihâ*, dejar atrás, abandonar, renunciar).

Un discípulo suyo, Ashvajit (Assaji), se puso en camino para reunirse con el Maestro en Varanâsi. En la ruta encontró al asceta Shâriputra (Sâriputta),

El bramín Kâshyapa. Fresco del periodo Tang (628-907) en las grutas de Mogao, Dunhuang (Gansu), encrucijada de la Ruta de la seda.

quien, impresionado por la serena dignidad del neófito, le preguntó quién era su gurú y cuál su doctrina. La respuesta que tuvo ha quedado como una de las verdades canónicas del budismo: "De todo cuanto tiene origen, Tathâgata ha explicado la causa; y de todo cuanto tiene causa, Tathâgata ha explicado la cesación. Aquél que así ha enseñado es el Gran Maestro".

Shâriputra tenía un compañero de búsqueda, Magallana: le describió la profunda impresión que la sencilla frase de Ashvajit le había causado y ambos acudieron a los sermones de Buda hasta convertirse en sus discípulos más iluminados, más "santos": dos *arhat (arhant*, el digno que ha cumplido lo que había que cumplir; el sabio de vida ejemplar. Para las escuelas ascético-iniciáticas, es el cuarto nivel en la vía de la evolución).

Mudrâ: los gestos de Buda en la iconografía tradicional

Izquierda: Buda pronunciando un sermón con el gesto Dharmacakra mudrâ. Arte de Gandhâra.

Derecha: Buda predicando. Museo de Xi´an, Shaanxi.

Los gestos simbólicos se denominan *mudrâ* (huella, marca, sello); los extraídos del repertorio del arte dramático se conocen como *abhinaya*. Hay treinta y dos que corresponden específicamente a la religión, y casi un centenar pertenece al repertorio de la danza. Los más importantes son:

1. Gesto *vajrahûmkâra-mudrâ* (o *trailokya vijaya-mudrâ*).
2. Gesto de "abrazar el *prajnâ*" (conocimiento), o *prajnâli ganâbhinaya.*
3. Gesto del don o el favor acordado (*varada-mudrâ*).
4. Gesto del tocamiento, o de la petición a la Tierra para que dé testimonio (*bhûmiparsha-mudrâ*).
5. Gesto de homenaje (*mamaskâra, vandanâbhi naya).*
6. Gesto de enseñanza o de la predicación, llamado "poner en movimiento

la Rueda de la Ley" (*dharmacakra-mudrâ*, o *pravarta-na-mudrâ*).

7. Gesto de la argumentación *(vitarka-mudrâ)*.

8. Gesto del inicio de la Iluminación (*bodhyagrî-mudrâ*).

9. Gesto de protección (*abhaya-mudrâ*; literalmente, gesto de no temor).

10. Gesto de ofrenda (*anjali-mudrâ*).

11. Gesto de meditación o de concentración (*samâdhi-mudrâ*, también llamado *dhyâna-mudrâ*).

12. Gesto de la cualidad inefable (*Buddhashramana mudrâ*).

El regreso a la casa paterna

Y llegó el día en que Gáutama Buda, accediendo a las reiteradas invitaciones de su padre, resolvió predicar en su ciudad natal, Kapilavastu. El viaje fue lento, duró dos meses, y Suddhodana, encolerizado, no salió a recibir a su hijo cuando al cabo llegó. Tampoco los orgullosos shâkya quisieron inclinarse ante el gran Iluminado; la leyenda narra que entonces se elevó milagrosamente del suelo, permaneciendo suspendido en el aire hasta que sus antiguos compañeros se humillaron, postrándose ante él. Fue luego mendigando de puerta en puerta, y después pronunció un largo sermón, tras el cual se convirtieron a la Ley su padre, quinientos nobles, su hermanastro Nanda, y muchos de sus primos, entre ellos Aniruddha (Anoratha), Mahânâman (Mahânâma), Ânanda (desde ese momento, su discípulo predilecto) y Devadatta (que le traicionaría intentando fomentar la secesión entre los monjes de la Orden).

Izquierda: el palacio de Buda en Kapilavastu. Fresco del periodo Ttang en las grutas de Mogao, Dunhuang, centro caravanero de Gansu en la Ruta de la seda.

Página contigua: los notables de Kapilavastu. Fresco sogdiano del s. VII-VIII. Afrasiab, Uzbekistán.

El fuego

“Todo el mundo está inflamado por el fuego del deseo y, como toda llama, también la ilusión al final se apaga.”

(Dhammapada)

Sin embargo, su hermanastro Nanda se dejó arrastrar por el amor de una mujer bellísima, Janapadakalyani. Buda le mostró una mona recién salida, horriblemente quemada, del incendio de un bosque; luego lo transportó en espíritu a la corte del rey Indra, donde bailaban hermosísimas Apsaras, para que percibiese la diferencia entre una criatura de la tierra expuesta a los males del mundo y la belleza del espíritu liberado de las ilusiones de los sentidos. Nanda comprendió entonces que todas las bellezas del mundo no valen nada frente al conocimiento espiritual y se hizo monje.

La hagiografía budista narra que, aprovechando la estancia de Buda en Kapilavastu, su mujer le envió a su hijo Râhula para que solicitase a su padre la herencia que le correspondía. Buda, dirigiéndose al monje Shâriputra (Sâriputta), dijo: "Recíbelo en la Orden", dando así al hijo su parte de la herencia espiritual, la única que el Iluminado podía a la sazón darle, la única que entonces consideraba válida.

Antes de dejar Kapilavastu, Buda predijo la muerte cruenta de todos los shâkya y la muerte por el fuego de quien la habría de llevar a cabo. Tras la muerte de Suddhodana, la profecía se cumplió. Prasenajit, rey de Koshala, fue depuesto por su hijo, el malvado Virûdhaka, quien, con un gran ejército, atacó a los shâkya, quienes, en observancia de la Ley, se dejaron matar antes que empuñar las armas. Poco después, Virûdhaka –que, para escapar a la profecía, se había construido el palacio en medio de un estanque y prohibido a todo el mundo encender cualquier clase de fuego– murió entre las llamas del palacio, encendidas por los reflejos del sol focalizados desde su anillo sobre una cortina.

Tras abandonar Kapilavastu, Buda regresó a Râjagrha, donde convirtió a Anâthapindada (Anâthapindika), comerciante de Shrâvastî (Sâvatthi), quien donó a la Orden el bosquecillo Jetavana (posteriormente sede central del grupo) y mandó construir entre las dos ciudades lugares de reposo para los budistas a una distancia de una legua entre sí. Otro convento fue mandado construir por una mujer del lugar, la bella Visakha, quien tuvo que vender para ello una valiosísima diadema.

Buda visitó después Vaishâlî, donde aceptó la invitación de la cortesana Âmrapâlî (Âmbapâlî), anteponiéndola a la de los príncipes Licchavi, y aquélla donó a los monjes un palacio y un jardín. Por aquellos días se le preguntó a Buda por qué no había intervenido con sus poderes sobrenaturales en defensa de sus nobles conciudadanos asesinados por Virûdhaka. Su respuesta en el "Sermón de Katiograma" fue la siguiente: "Quien tiene la mente sana no compite con el mundo ni lo condena: la meditación lo iluminará con una luz que arrojará las pasiones que oscurecen el intelecto: concupiscencia, ira, ofuscación mental. Entonces él estará en la vía de la salvación que conduce fuera del dominio de la vida y de la muerte, puesto que su mente ya no correrá tras las cosas del mundo, sino que permanecerá constantemente fija en el fin supremo... Los carros del rey, a pesar de su brillo, son destruidos. También el cuerpo se encamina a la destrucción, mas la virtud de la gente buena nunca será destruida... Nuestra vida en este mundo es breve y atormentada, y va acompañada de dolor, pues para los nacidos no hay ningún medio de evitar la muerte. Alcanzada la vejez, todos deben morir. Ésta es la naturaleza de los seres vivos". (*Dharma Samukkaya: Anityatâvargah pancamah*).

Por otra parte, Buda siempre aconsejó a sus monjes que no realizasen prodigios, sobre todo si tenían como objetivo ganar conversos a la Ley. Cuando el monje Pindola voló tres veces por encima de sus rivales, el Iluminado lo comparó a una prostituta que se acicala para obtener una recompensa. Sin embargo, son muchos, unos setenta y siete, los milagros que la hagiografía religiosa atribuye a Buda.

Los venenos de la traición y el odio

El éxito de los numerosos sermones y las conversiones de muchos reyes y personajes importantes no dejaron indiferentes a los brahmanes hindúes, que veían con profundo odio la subversión de los dogmas religiosos en los que se fundaba su poder. Se puede considerar también que la Ley de Buda, al igual que la predicación coetánea de Mahâvira Jina, tenía un acusado valor sociopolítico: un noble intentaba sustraer a su propia gente al dominio de la clase sacerdotal, en lucha desde siempre, efectivamente, con la casta de los guerreros ksatriya.

Sin embargo, las mayores hostilidades no procedieron de los brahmanes, sobre todo teniendo en cuenta que el pueblo no se interesaba demasiado por una enseñanza tan culta y elevada, y si se considera que Buda no había aceptado ni negado las numerosas divinidades hindúes. A la sazón, en India eran numerosos los maestros de distintas corrientes que predicaban a la par que él. La mayor hostilidad procedió de la familia y la comunidad del propio Buda.

Su primo Devadatta, tras haber sido su discípulo, quiso tomar su puesto e instigó a los monjes Vrji (Vajji) de Vaishâlî a crear una escisión en los ritos, imponiendo una mayor mortificación y reglas monacales más rígidas. Usando poderes mágicos aprendidos del propio Buda, aconsejó a Ajâtashatru, hijo del rey Bimbisâra, que hiciera matar en la cárcel a su padre para acceder al trono de Magadha. Por último, intentó asesinar a Buda; envió contra él sicarios que, nada más acercarse al Iluminado, cayeron cegados por una viva luz; mandó a continuación algunos arqueros reales, pero mientras estaban reunidos en una sala les llegó desde el cielo la voz de Buda, que les aterrorizó.

Página contigua: Ânanda, el fiel discípulo de Buda. Polonnâruwa, Sri Lanka.

Derecha: un atentado de Devadatta, joven sâkya seguidor inicial de Buda y, después, corroído por la envidia, su feroz enemigo hasta el punto de atentar contra su vida; en la imagen, unos hombres intentan abatir una columna sobre el Iluminado, mas ésta se detiene milagrosamente en el aire y nadie consigue desplazarla. Arte de Gandhâra, Lahore, Pakistán.

Izquierda: episodios de la vida de Buda. Fresco del s. XV, Ladakh, monasterio de Alchi, Pakistán.

Página contigua: escena de la vida de Buda. Arte de los ikshvatu, piedra, s. II-III. Nueva Delhi, National Museum. El relieve, detalle de cuatro episodios, presenta el nacimiento de Buda y sus siete primeros pasos. Procede de Nâgârjunakonda, Andhra Pradesh, India.

Devadatta intentó, entonces, derribar una columna contra el Iluminado, pero ésta se mantuvo milagrosamente suspendida en el aire. Recurrió, pues, al último y más famoso ataque: drogó a un elefante y lo hizo huir por un camino rodeado de murallas para que arrollase a Buda, que avanzaba en sentido contrario, pero éste despertó en el enorme paquidermo la virtud del amor y el animal se arrodilló ante él para adorarle. Entonces, narran las hagiografías tradicionales, los monjes disidentes reingresaron en la Orden; Devadatta, arrepentido, imploró el perdón, que Buda, con su benevolencia, le concedió.

Así, predicando, instruyendo y realizando milagros, el Perfectísimo recorrió la parte oriental del valle del Ganges. Su Ley, el Dharma, tenía origen en la tradición religiosa india, quizás incluso en la del Valle del Indo, y la proyectaba mucho más allá, a una nueva vía sin límites. Leyendo lo que probablemente Buda predicó, ese verbo que sus discípulos recogieron y transmitieron de memoria durante los primeros siglos, se puede apreciar que, en efecto, él no fundó una religión, sino un sistema ético y filosófico de vida, que en su origen prescindía totalmente del concepto de un dios y de un alma. Decía, por ejemplo: "Si existiese realmente un alma, también subsistiría algo que pertenece al alma. Desde el momento en que no podemos hallar ni un alma ni nada que le pertenezca, no es razonable afirmar: 'Esto es el mundo, éste soy yo, y después de la muerte mi yo seguirá viviendo, persistente, eterno'. Eso no es más que una simple opinión, una trampa, una comedia, un revoltillo de conjeturas. Prisionero en la trampa ilusoria de las conjeturas, el ignorante no podrá librarse de los renacimientos, de la vejez, de la muerte, de los sufrimientos, de las penas, de los dolores, de la desesperación. Lo afirmo: no se podrá librar del sufrimiento" (*Majjhima-nikâya*).

Entonces, ¿qué cosa renace? ¿qué cosa nos tiene atados a la existencia fenoménica? El deseo, con todo su aparato de codicia, concupiscencia y acciones negativas. Así: "Una vez que te hayas separado de los cinco elementos del placer –sigue afirmando Buda–, de las formas atrayentes, de los deleites de la mente, abandonarás la casa y pondrás término al dolor" en la aniquilación total de toda individualidad que constituye un falso yo. "Al igual que un mono que huye por el bosque se agarra a una rama dejándola después para agarrarse a otra, y luego a otra más, así lo que llamáis espíritu, pensamiento, conocimiento –en general, el Sí–, se forma y se disuelve de continuo... La extinción de la ávida codicia, la extinción de la ignorancia, la extinción de la cólera, la extinción de la ilusión: eso es, en verdad, lo que se llama aniquilación absoluta, el Nirvâna" (*Dhammapada*).

¿Era, quizá, intención de Buda difundir también nuevos conocimientos científicos, en fórmula especulativa, la más conforme a su tiempo? Es probable, puesto que divulga la contemplación y el ascetismo como fines en sí mismos, predicando constantemente la actividad del espíritu y el deber de la búsqueda individual. Para India, sin embargo, la única forma de realidad es el pensamiento, mientras que la materia es la manifestación tangible del pensamiento mismo. Éste puede expresarse a través de los sentidos, pero los sentidos –expresiones y percepciones inadecuadas– no pueden suministrar al conocimiento una visión precisa del mundo.

Buda plasmó una ciencia física con la materia moldeable que su tierra le aportaba, dudando a menudo en el cumplimiento de su misión por temor a no ser comprendido y por temor a deber entregar a los seres humanos un saber demasiado arduo o demasiado peligroso. Aparentemente, él dio una razón y una solución al destino: nuestra vida terrenal está condicionada por el cuerpo, por las sensaciones, por las nociones, por los pensamientos, por los sentimientos y la consciencia, –todos ellos, transitorios–. Esos factores constituyen la vida y, cuando ésta cesa, se alcanza el Nirvâna.

Dos son las vías necesarias para alcanzarlo, según las capacidades personales: para la gran mayoría, es el correcto comportamiento moral, y para el intelectual es la vía del conocimiento.

Ajantâ

Antiguo centro budista en el estado de Mahârâshtra, India centro-occidental. Está constituido por una serie de santuarios famosos en todo el mundo por sus numerosas pinturas de admirable ejecución, excavados en la roca de una montaña escarpada en forma de media luna, en la cordillera de Ajantâ, situada 90 kilómetros al nordeste de Aurangabad.

Izquierda: vista parcial del grupo de treinta grutas excavadas en la roca, descubiertas a principios del s. XIX.

Abajo: detalle de un fresco de las grutas de Ajantâ. Dos dignatarios de la corte asistiendo a una procesión.

En los conjuntos monásticos, los *vihâra* representan los alojamientos reservados a los monjes.

Las grutas más antiguas presentan caracteres Hinayâna, por lo que no hay en ellas ninguna representación de Buda. Las menos antiguas pertenecen a la fase Mahâyâna del budismo, y tienen profusión de relieves y pinturas de Buda, según el estilo y el espíritu Gupta.

Los "frescos en seco" de Ajantâ constituyen uno de los ejemplos más interesantes de arte Gupta conservados hasta la fecha.

Debajo: fresco de las grutas de Ajantâ. Rey y reina en una escena de palacio.

Con la difusión hacia el Sur del budismo, Ajantâ se convirtió en un importante lugar monástico durante la estación de las lluvias. Los treinta santuarios (o grutas) se abrieron a lo largo de los siglos en las paredes verticales de la roca y mantienen una numeración progresiva de Oeste a Este que no se corresponde con un orden cronológico: cinco de ellos, los IX, X, XIX, XXVI y XXVIII son *chaitya*, y los restantes son *vihâra*. Los *chaitya* recuerdan, tanto por su estructura como por su función, a las basílicas romanas, tienen una stupa en lugar de altar, una nave central, y naves laterales que discurren en torno al ábside para ofrecer un deambulatorio alrededor de la stupa sagrada. Normalmente, la entrada de la fachada central está frente a la stupa.

Un collar de mil conventos

De este modo, pues, prosiguió Buda de lugar en lugar y de enseñanza en enseñanza. Recorría a la vez la vía especulativa y la práctica, convenciendo a los hombres para que le siguieran más allá de los límites de la fe, sin proclamarse nunca dios ni fundador de una religión. Sin embargo, organizó su comunidad según reglas religiosas muy precisas. Sin imponer fórmulas, sino pasando junto a ellas sin concretarlas ni abolirlas, manifestó el acto práctico de su voluntad en dos direcciones diferentes: una para los laicos y otra para los monjes. Impuso a los primeros nociones éticas precisas y un comportamiento moral bien definido; organizó a los segundos en una comunidad única que englobaba los distintos conventos (*vihâra*), pero no dirigida por un jefe designado. Esto puede parecer extraño: guerrero noble, él conocía la organización militar y la conveniencia de una jerarquía, pero insistió en proclamar que todos los monjes eran iguales: de hecho, en un convento ninguno se diferenciaba o se consideraba superior a los demás por sabiduría, conocimiento o santidad, ni por grado conferido. Limitó la diferencia a "maestros" y "discípulos", los primeros obligados a enseñar y los segundos a aprender: "No tenga, el que sabe, en su mano cerrada una parte del saber, al igual que, si sabe, sabe que no puede estar a la cabeza de la Orden". En efecto, en origen, todos son alumnos y, tras haber aprendido, son maestros. No hay en ello motivo para considerarse superior a los demás.

Así fue como Buda instituyó conventos que siguen teniendo un neto carácter universitario. Él había considerado el pensamiento como una energía y, como la energía eléctrica, pensó en acumularlo y en potenciarlo.

Abajo: el gran monasterio budista de Gao-Chang, Turkestán chino. Capital de un reino turco tabghach, declinó en el s. XII.

Página contigua: dos objetos del primer Dalai Lama histórico, Sönam Gyatsô (1543-1588): la copa y un rosario. Pothala, Tíbet.

Primero en el individuo singular, con ejercicios adecuados y con la meditación; después, como emanación de estos individuos, haciendo del pensamiento "una fuerza operante". De hecho, si una multitud piensa intensamente en un hecho, ese hecho suele suceder. Como quiera que sea, es útil a la humanidad que un cierto número de personas abrace una vía cuyo fin último es la iluminación espiritual. La búsqueda espiritual es perenne, pues es connatural al mundo fenoménico, que necesita, no obstante, del mal, ya sea en contraposición al bien, ya sea para dejar al ser humano la elección responsable entre el bien y el mal. Pero cuando una sociedad deja de tener hombres dedicados a la búsqueda espiritual, esa sociedad se encamina a su propio final.

Al entrar en la Orden, el novicio (*shrâmanera*) –que debe tener al menos dieciséis años cumplidos– se rasura la cabeza y aprende los diez preceptos fundamentales: no dañar a ningún ser vivo, no apropiarse de los bienes ajenos, mantenerse casto, no mentir, no beber alcohol, no alimentase después de mediodía, no asistir a espectáculos, no adornarse, no dormir en lechos suntuosos, y no tocar dinero. A los veinte años, si es célibe, está sano y sin deudas, es ordenado monje (*bhiksu, shrâmana*). Entonces se le ofrecen dones: tres túnicas de algodón (en amarillo o naranja según los lugares), una navaja de afeitar, una aguja, un filtro para el agua, un cinturón de tela, un abanico, la escudilla para mendigar, y un cuenco de madera. Él toca los dones con un bastón en señal de aceptación y de desapego. No poseerá otra cosa. No queda vinculado por votos y, si lo desea, puede regresar cuando quiera a la sociedad laica. Por el contrario, la fornicación, el hurto, el homicidio y la impostura son motivos para un alejamiento inmediato de la Orden.

El monje asiste a dos reuniones mensuales, el día de la luna nueva y el día del plenilunio. Durante estas reuniones escucha la enumeración de las 227 reglas que debe observar y confiesa públicamente sus pecados. Pero si un monje no cumple con sus deberes,

serán los propios laicos junto a los que mendiga el alimento quienes se lo nieguen y lo escarnezcan.

En general, la vida religiosa budista –tanto para los monjes como para los laicos– difiere mucho de la concepción occidental: no hay ceremonias rituales, matrimonios o funciones especiales. Sólo la veneración de las reliquias y las estatuas, peregrinaciones (sobre todo a Kapilavastu, Bodh-Gayâ, Sârnâth y Kushinagara [Kusinârâ]), sermones, y la lectura colectiva de los Textos Sagrados. Faltan, en definitiva, los templos auténticos; los conventos varían en su estructura: desde los encerrados en recintos de piedra, en el Norte, hasta las denominadas pagodas del Sur, sin cercar. Están abiertos a todos, sin limitaciones: se puede acceder a ellos sea cual fuere la religión que se profese, a diferencia de los templos hinduistas, rígidamente vetados a quienes no practiquen su religión.

Arriba: reunión de monjes budistas.

Izquierda: el caitya de Bedsa, al sur de Bombay. Los monasterios debían hallarse lejos de la vida mundana, pero bastante próximos a un centro habitado donde realizar la cuestación.

La muerte de Buda

Un día de 478 a. C., Gáutama, cuya salud llevaba tiempo declinando, llamó al fiel Ânanda y le dijo: "Hoy he llegado a la avanzada edad de ochenta años; mi cuerpo es como un carro viejo y desvencijado. ¿No dije desde el principio de mi predicación que nada en la Tierra resiste a la ruina y a la muerte? En el más alto de los cielos etéreos, donde se vive una vida de muchos millones de siglos, también allí la existencia tiene un término. Por eso he revelado el conocimiento que destruye las raíces de la vida y de la muerte. Tras mi Nirvâna, este conocimiento no morirá conmigo, sino que seguirá perenne en el pensamiento y en la práctica del recto obrar y el recto entender. Ésta es la enseñanza suprema" (*Mahâparinirvâna-sûtra*). Envió, pues, mensajeros a todos los monasterios, convocando a los monjes a Kushinagara (Kusinârâ) de allí a tres meses, y él mismo se puso luego en camino hacia aquel lugar. Cerca de Pâpâ (Pâvâ), en el Bosquecillo de los Mangos, descansó en la cabaña del herrero Cunda, que le ofreció comida hindú. No la rechazó, pero aquel alimento agravó aún más su estado. De nuevo en camino, encontró al noble Putkasa (Pukkusa), antiguo discípulo del brahmán Ârâda Kâlâma, y le convirtió, recibiendo de él como dones dos piezas de tela dorada con las que se vistió, bañándose después en las aguas del Katutsthâ. Por fin llegó al Bosque de árboles *sâla*, cerca de Kushinâgara (actual Kusia, en el distrito de Gorakhpur). Allí habló largamente a los monjes, iluminándoles sobre la Doctrina y la Orden y exhortándoles al bien y a la búsqueda constante de la verdad. "Si el hombre –dijo– está atormentado por lo que experimenta en el momento de la muerte, que escuche la predicación de la Ley y en su corazón ya no habrá ningún miedo... Después de mi muerte predicad el bien, realizad el bien, obrad bien. Donde quiera que esto se haga, allí estaré yo" (*ibidem*).

Ânanda envió un mensajero a la ciudad vecina para advertir a los señores del lugar, los Malla, de que Buda se estaba muriendo; éstos acudieron con sus familias y le tributaron, turnándose, honores reales durante las primeras horas de la noche. Buda aún se dirigió a los monjes, preguntando si

Buda en Parinirvâna, o sea el Nirvâna total, sin restos de sustratos adquiridos en las existencias anteriores.

A su lado, el fiel discípulo Ânanda. Éste, en el límite de la desesperación y vencido por el desconsuelo, se abandona al llanto por la muerte del Maestro. Polonnaruwa, Sri Lanka.

albergaban dudas respecto a la Doctrina, a lo que respondieron no tener dudas de ninguna clase. Se volvió luego hacia un anciano de 120 años, y le resumió las Cuatro Verdades. Por fin, se dirigió a todos, y dijo: "Deteriorarse y morir es inherente a todas las cosas compuestas. Dedicaos sin descanso a vuestra salvación".

Luego se hizo preparar un lecho por el fiel Ânanda, se tendió sobre el lado derecho, con la cabeza al Norte y los pies al Sur, apoyando la cabeza en la palma de la mano, un pie sobre otro, y expiró dulcemente. La exégesis narra que él entró en el primero de los estadios más elevados de la consciencia, luego en el segundo, y después en el tercero. Adentrándose aún más profundamente en el reino de la consciencia iluminada, llegó al cuarto estadio, el de la espiritualidad pura más elevada, sólo accesible a un Buda.

El pueblo, los nobles y los monjes rindieron homenaje a sus restos durante siete días, y luego los incineraron cerca de los bastiones del sur de la ciudad, con todos los honores debidos a un gran soberano. Narra la leyenda que la hoguera se encendió sola, y que sola se apagó mientras un intenso perfume de jazmines invadía el aire. Los Malla llevaron las cenizas a su palacio con la intención de custodiarlas más tarde en un santuario, pero varios reyes, príncipes y fieles de todas las regiones las reclamaban para sí: los shâkya, el rey Ajâtashatru, los Licchavi de Vaishâlî, los Bulaka (buli) de Calakalpa (Allakappa), los Kraudya (koliya) de Râmagrâma (Râmagâma), los Malla de Pâpâ, y hasta los braminos de Visnudvîpa. Se recurrió a las armas cuando los señores de Kushinâgara se negaron a ceder los venerados restos. En la llanura, se pintó a los elefantes con los colores de guerra y se prepararon las máquinas de asedio; en la ciudad, los arqueros subieron, en cerradas hileras, a las murallas.

Fue entonces cuando un bramin, Dhumrasa Gotra, repitió las palabras de paz tantas veces pronunciadas por Buda, la invitación a la no violencia, y avanzó una propuesta: "Alzad siete túmulos (stupa o dagoba) de cuatro codos cada uno entre los siete reyes para recoger parte de las cenizas; confiemos una octava parte a las serpientes Nâga (cobra) en el corazón de la jungla; alcemos una stupa para su escudilla y otra para los carbones de la pira". Así se hizo, y volvió la paz. Las reliquias se depositaron en estuches de oro y cristal de roca, encerrados a su vez en cajas de plata guardadas en cofres de bronce, todo ello colocado en urnas de piedra o cerámica sobre las que se alzaron los túmulos. De las diez stupas originarias, no todas pueden ser identificadas en la actualidad porque muchas de las construcciones primitivas también están reunidas en mejoras y ampliaciones posteriores.

Página contigua:
la muerte de Buda, pintura japonesa en el Koiuji, Nara, Japón.

Arriba: relicario con una reliquia de Buda. Colección particular del Panch´én Lama.

Izquierda: una falange de Buda. Se hallaba custodiada dentro de siete cajas-relicario, insertas entre sí, en el centro de la stupa de Famen (Fujeng), erigida en 147 d. C. y desmantelada completamente en 1987 por orden de las autoridades chinas.

Los "ocho emblemas" del budismo

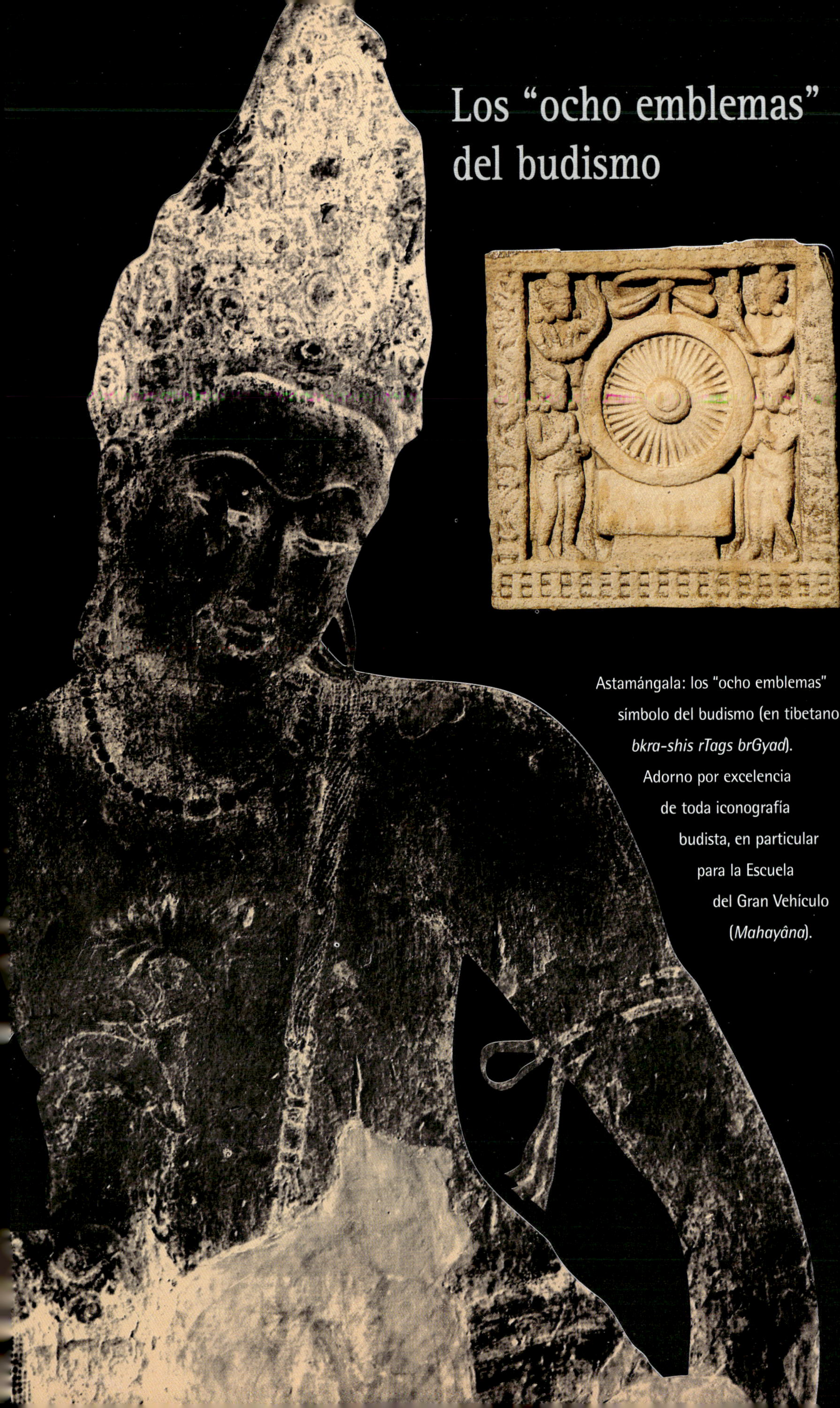

Astamángala: los "ocho emblemas" símbolo del budismo (en tibetano *bkra-shis rTags brGyad*). Adorno por excelencia de toda iconografía budista, en particular para la Escuela del Gran Vehículo (*Mahayâna*).

1

2

3

4

Página contigua, arriba:
Buda, representado sin iconos en forma de "Rueda de la Doctrina" (Dharmacakra). Bajorrelieve de la puerta (torana) meridional de la gran stupa de Sâñci (India). Satavana, s. II-I a. C.

Página contigua, abajo: un Bodhisattva sostiene la flor de loto con la mano derecha. Pintura al fresco de la primera gruta de Ajantâ.

5

6

7

8

En el budismo tibetano los ocho emblemas están personificados por otras tantas divinidades. Éstas son:

1. El parasol (*chattra*; en tibetano *Rin-chen gDugs*), que protege de los demonios.
2. El doble pez (*survana matsya*; en tibetano *gSer-gyi Nya*), que simboliza la salvación del océano del renacimiento y del dolor.
3. La trompeta de caracol (*shankha*; en tibetano *Dung-dKar gYas-hKhyil*), que proclama la gloria de los santos.
4. La bandera (*dhvâjâ*; en tibetano *mChog-gyi rGyal-mTshan*), que celebra la victoria de Buda.
5. El nudo de inmortalidad (*shrîvatsa*, en tibetano *dPal-gyi Behu*), también llamado Nudo de amor.
6. El vaso lustral (*kalasha*, en tibetano *gTer-chen-pohi Bum-pa*), que contiene el néctar de la inmortalidad.
7. La flor de loto (*padma*, en tibetano *Pad-ma bZang-po*).
8. La Rueda de la Doctrina (*cakra*, en tibetano *gSer-gyi hKhor-lo)*, que Buda puso en marcha.

Mutaciones del budismo original

En la actualidad, existe una familia de religiones budistas y de formas filosóficas, algunas claramente mágicas, otras sublimes como el Zen japonés.

Palabras santas y doctrinas científicas

¿Qué es lo que, verdaderamente, dijo Buda? Sabemos que sus discursos, sus sermones, sus enseñanzas se recogieron enseguida y se transmitieron de memoria, en una época en que la memoria era casi el único medio para inmortalizar un texto. Por otra parte, todos los monumentos literarios más antiguos fueron confiados a la memoria. Fue en tiempos del rey Asoka Maurya (que reinó entre 274 y 232 a. C.) cuando se procedió a recoger en escritura el inmenso patrimonio literario budista. Ciertamente, quien desee conocer los textos canónicos budistas (de los originales o de las traducciones relativamente fieles que se han efectuado) se desconcertará en un primer momento: su característica casi recurrente –a excepción de algunos libros que ofrecen más bien aforismos o cuartetas– es la repetición continua de frases y conceptos, que dejan al lector común perplejo, cuando no aburrido. Las frases se repiten, a menudo con la sola variación de un término o dos en cada encabezamiento, y a veces durante una decena de páginas. Este particularísimo estilo seguramente sea debido al hecho de que los textos se salmodiaban rítmicamente a lo largo de toda la noche: una especie de larguísimo *mantram* hipnótico. En definitiva, muchos de estos textos, aliviados de las repeticiones continuas y aliterativas, se reducirían a no más de una décima parte.

Abajo: bastón mnemónico con inscripción en runas gök-türk del reino chino de los cumanos, con el principio de un aforismo de Buda.

Arriba y al lado: la gran rueda monástica tibetana de la oración y la pequeña rueda manual. Ambas contienen textos sagrados.

Más allá de las enseñanzas básicas, más allá de las instrucciones para la "santa vida del monje", los textos de Buda también hablan de ciencia, de la constitución material del universo, con sorprendentes anticipaciones de los primeros conceptos en que se apoya el valor de la física actual. Por ejemplo, leemos en el *Sutta-pítaka* (sánscrito *Sûtra-pitaka*) estos pasajes sobre la materia y el átomo, sorprendentemente actuales: "Todo es energía o manifestación de energía. Ninguna energía se pierde, ninguna energía se crea... Todos los puntos del universo son movidos por una corriente continua: la mínima partícula del átomo, las unidades energéticas de los elementos, los sistemas planetarios... Los átomos se repiten, y su repetición sin fin crea los universos; y el universo es una combinación de universos en miniatura... El universo es una máquina infinita compuesta por esferas inmensas que giran en sistemas planetarios. Estas esferas están constituidas por repeticiones de átomos: aparentemente esferas más pequeñas que giran en el seno de los átomos como un sistema solar, a una velocidad constante... Las partículas constituidas por cargas eléctricas componen los átomos; los átomos componen las materias; las células componen los universos... El principio que mueve los universos y los seres es la energía, el fenómeno físico más activo. Se desplaza en ondas, de sustancia a sustancia. Nada se puede desarrollar sin energía... Los elementos principales son elementos que se encuentran en todos los planetas. Son cuatro, y al menos una parte de ellos se encuentra siempre en todas las sustancias... La naturaleza y variedad de las sustancias vienen determinadas por la cantidad de partículas de elementos que constituyen su átomo específico. El aglomerado de átomos en el vacío constituye la materia... Existen planetas grandes y planetas pequeños. Algunos son más grandes que la Tierra, existen desde hace mucho más tiempo, y están constituidos por sustancias más pesadas y que no están ya en movimiento expansivo... El átomo es una parte infinitesimal. Contiene necesariamente al menos una unidad de cada una de las cuatro sustancias... No hay que dividir esta

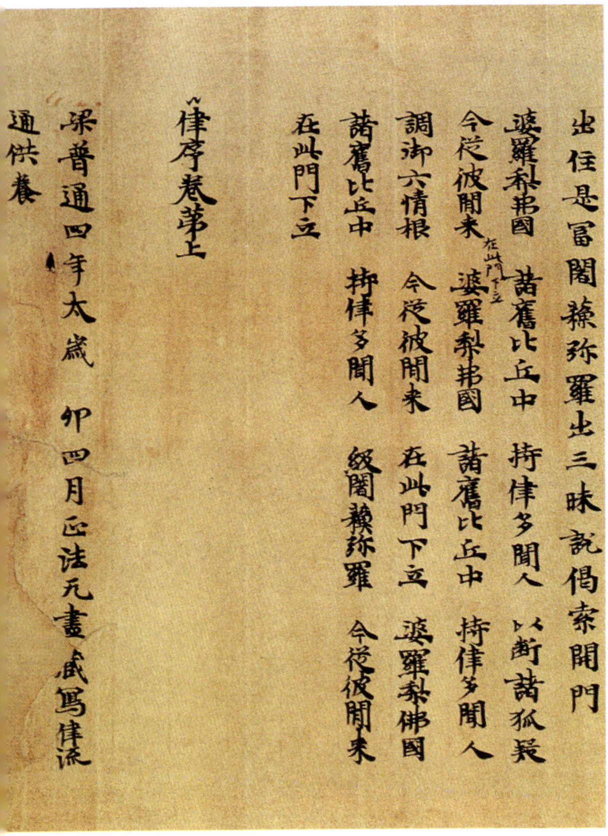

Prefacio de Zengfu Wujicang al *Vinaya*. Caligrafía china, época de los Liang posteriores (386-403), Kioto, Japón, Museo Nacional.

unidad, mas si el átomo se rompiese, las unidades se dispersarían siguiendo una dispersión concatenada. Esa unidad solitaria se cargaría de energía por la fulminante fuga, multiplicándose a una velocidad fantástica, desarrollando una fuerza tremenda, al estar dotada de 176.470.000.000 rotaciones por millonésima de segundo. Las unidades se dispersan de las masas en todo el universo, creando un constante flujo de energía... Cuando el átomo se divide en las cuatro partes que lo componen, las unidades energéticas dispersadas por el átomo se tornan, cada una, una fuerza de acción... Además de las fuerzas de carga que componen el átomo, hay otras más sutiles, que constituyen las unidades del espíritu, que son potenciales de energía y de movimiento".

Puede parecer extraordinario que Buda haya hablado de átomo y de escisión nuclear hace 2.500 años. Pero esto no es todo. También dijo: "También existe un no-nacido, no-devenido, no-hecho, no-compuesto; y si eso no existiese, no habría posibilidad de escapar de lo que es nacido, devenido, hecho, compuesto". Por la misma ley del universo en equilibrio, lo que está en este mundo se corresponde con lo que no está en un antimundo: Buda alcanzó a establecer la existencia de la antimateria, teoría recientemente avanzada por la física occidental, en fase aún de desarrollo, que se perfila importantísima para los estudios científicos que de ella se deriven. A esta teoría empíricamente religiosa, pero, en sustancia, científica, le siguieron otras, sancionadas por la física actual en mayor medida de lo que lo hicieran los ponderados comentarios de siglos pasados: "Al igual que un carro no existe en sí –dijo– sino que está compuesto por varios elementos, nada existe en sí y de por sí, sino que todo está en relación: el universo entero está en correlación". Esta "teoría de la relatividad" lo abarca todo. La propia alma está sujeta a un continuo variar de estados de ánimo; nuestro conocimiento subjetivo está sujeto a cuanto, de modo impreciso, perciben los sentidos; la salvación depende del camino que cada uno de nosotros pueda trazarse por sí solo: "Al igual que un mono que huye por el bosque se agarra a una rama dejándola después para agarrarse a otra, y luego a otra más, así lo que llamáis espíritu, pensamiento, conocimiento, se forma y se disuelve de continuo". Y añade: "Quien aprehende la dependencia causal aprehende la verdad..., y quien ha comprendido, juzga de igual valor arena y oro. El cielo y la palma de su mano son, a sus ojos, idénticos".

La difusión del budismo

Apenas muerto Buda, unos quinientos monjes se reunieron en una caverna en las cercanías de Râjagrha para transcribir las palabras y las enseñanzas del Iluminado. Según la tradición, que no habría que tomar al pie de la letra, el venerable Kâshyapa –que presidía este "primer Concilio", que duró siete meses–, recogió la doctrina (*Abhidharma*); Upâli, el discípulo más anciano, compiló las Reglas de la Disciplina (*Vinaya*); y Ânanda, el discípulo predilecto, recogió los Sermones (*Sûtra*). Estas compilaciones son los tres textos base del budismo, las "tres cestas" o *tipítaka* (la primera está dividida en siete libros, mas podría tratarse de una elaboración explicativa posterior; la segunda está dividida en tres libros; la tercera, la "cesta de los dichos textuales", está dividido en cinco libros). Cien años después del primer Concilio, tuvo lugar un segundo, en Vaishâlî (Vesâli, la actual Besarh, cerca de Patna), convocado por el anciano Yashas (Yasa). Setecientos monjes discutieron las Reglas, que gran parte de ellos quería mitigar. Otro punto de discusión afectaba al modo de conseguir la Iluminación y, en consecuencia, a la cualidad misma de Buda. Los ancianos ortodoxos exigían una observancia rígida de las Reglas, único medio válido para lograr la calidad de Buda; el grupo de los progresistas (Mahâsânghika) pedía un aligeramiento de la disciplina, dado que la cualidad de Buda existe innata en todo ser humano y sólo ha de desarrollarse. Rechazada esta corriente, los progresistas convocaron a su vez un anti-Concilio. Así empezaron las grandes divisiones: los ancianos ortodoxos autorizaron la escuela Theravâda (o Hinâyâna, Pequeño Vehículo), y el grupo progresista fundó la escuela Madhâyâna (Gran Vehículo), dividida luego en varias corrientes, con predominio místico-metafísico u organizativo, de las que las principales son: la Mâdhyamika (o Sûnyavâda), la Vijnânavâda (o Yogâcâra), las escuelas tántricas Vajrayâna, las escuelas chino-japonesas T'ien-t'ai, Ch'ing t'u, Shingon y Zen. La más importante de todas es la Escuela tibetana o lamaísta, del término *lama* (de *bLa-ma*: prior, en sánscrito *guru*, maestro).

Izquierda: capitel de los leones, de Sârnâth, s. III a. C., Uttar Pradesh, India. Sârnâth, Archaeological Museum.

Un tercer Concilio se organizó en Pâtaliputra –la actual Patna, cerca de Kâsi (Benarés)–, y un cuarto, en la misma localidad, tuvo lugar durante el reinado del emperador Asoka Maurya, en el s. III a. C. (244 ó 243 a. C.) y estuvo presidido por Tissa Moggaliputta. Asoka, una de las figuras más nobles e interesantes de la historia de India, era nieto de Candragupta, un general que, a la muerte de Alejandro Magno, atacó y derrotó a las fuerzas griegas que quedaban en India, fundando un imperio que Asoka, entronizado en 270 a. C., hizo aún más grande y famoso. Asoka se puede considerar "el Constantino de Buda"; al término de la cruenta batalla de Dhauli (Orissa), en la que había derrotado a las últimas resistencias enemigas, al contemplar el campo de batalla desde lo alto de una colina experimentó pesar por el mar de sangre derramada, se convirtió al budismo, y mandó que se predicara por "las cuatro esquinas del mundo". De ser una religión del norte de India, el budismo se convirtió en una religión "universal". Fue durante este periodo cuando las denominadas "Tres cestas" (*Tipítaka*) fueron objeto de su redacción definitiva, en lengua pâli, la lengua de Buda, afín al sánscrito, pero mucho menos dúctil.

Asoka, que firmaba sus edictos con el nombre de Piyadasi, mandó construir en todo su

Derecha: la gran stupa 3 del monasterio de Nâlandâ, Bihar, norte de India, s. VII.

Abajo: imagen de Buda. Arte de Gandhâra. Museo de Mathurâ, Uttar Pradesh, India.

Página contigua: mapa de los lugares de difusión del budismo Hînayâna, Mahayâna y tántrico o tibetano.

vasto imperio hospitales, pozos, cisternas, carreteras y conventos. Erigió por doquier majestuosas stupas e impulsó en gran medida las artes. Envió misioneros a Siria, Egipto, Cirene, Macedonia, Epiro y, sobre todo, a Ceilán, confiando la dirección de la misión a su hijo Mahinda (253 a. C.). Los misioneros budistas llegaron hasta las Galias, Roma e Inglaterra; en los textos de los filósofos griegos y romanos, en los de los neoplatónicos, y sobre todo en los de los primeros cristianos, se pueden identificar los ecos de su predicación.

Doscientos años más tarde, en el s. I a. C., las tierras del norte de India, dominadas por el rey Milinda (el grecobactriano Menandro), ferviente budista, fueron invadidas por gentes turcas, los kushana. El más grande de sus reyes, Kaniska (78-103 d. C.), émulo

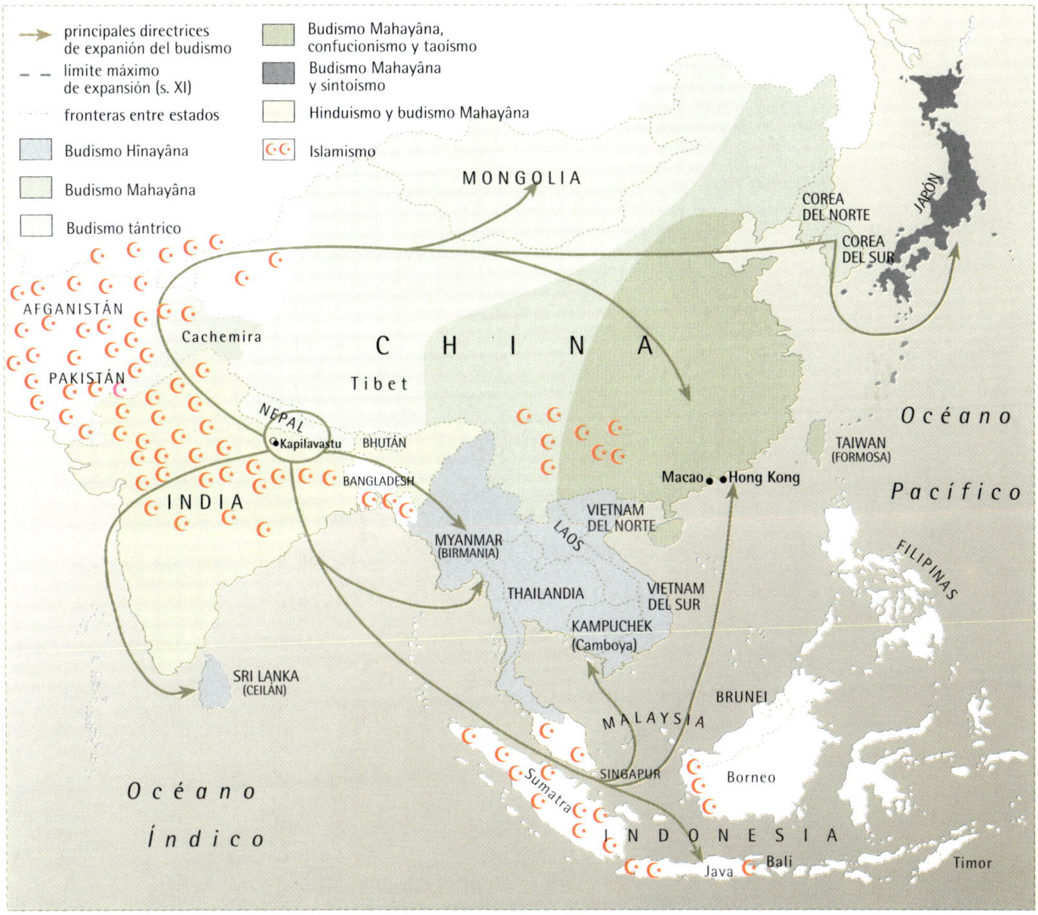

de Asoka, convocó el cuarto Concilio en Jalamdhara (Punjab) y en Kundalavana (Cachemira), con el objetivo declarado de que hicieran las paces, o que se unieran directamente, las tres grandes corrientes a la sazón bien establecidas, fuertes, y totalmente divergentes. El trabajo de base habría tenido como tema principal las doctrinas de la escuela Majasanghika, la más extendida entonces y la más seguida, pero en el Concilio sólo participaron los sarvâstivâdin (rama del Hinâyâna), los tibetanos y los chinos. Cabe notar que, por obra de los kushana, y en particular del rey Kaniska, se desarrolló en la región de Gandhâra, entre Afganistán y Pakistán, un arte budista de extraordinaria belleza: el arte de Gandhâra, basado, precisamente, en modelos grecorromanos que subsistían en el lugar desde la época de Alejandro Magno y que llegaban aún gracias al intercambio comercial entre China y Roma. A este arte se debe la iconografía sagrada de base de todo el budismo, cuyos modelos (llevados hasta Extremo Oriente por los "misioneros" adoctrinados en los conventos afganos del Valle de Bâmiyân) estuvieron en la base de las iconografías budistas chinas, indochinas y japonesas. En el Concilio de Kaniska también habían participado budistas chinos. De hecho, en China, el budismo se difundió desde el s. I d. C., pero tuvo su máximo desarrollo entre los ss. V y VI gracias a los reinos turcos de los tabghach (norte de China), fundadores de la dinastía Wei (386-556). En 220 se consolidó en Vietnam, y un siglo después en Corea, desde donde rápidamente pasó a Japón. Aquí se convirtió en religión de Estado, en 610, con el apoyo de los shogun (gobernadores imperiales), y mientras

Izquierda: una belleza femenina. Marfil, arte de Gandhâra, Roma, Ismeo.

Derecha: el Buda colosal de Bâmiyân, de 53 m de altura.

El Iluminado está representado con la mano derecha alzada en el gesto que tranquiliza (abhaya-mudrâ), mientras que la izquierda sujeta la orla del manto.

duró su poder, hasta principios del s. XX. Hacia la misma época se consolidó en Birmania, donde aún es la religión oficial. En 650 fue erigido el primer templo en Tíbet y, desde allí, el budismo pasó a Mongolia unos mil años después. A partir del s. VII se inició en India el lento y progresivo declive del budismo, primero a causa de la renovación del hinduismo, y después con la difusión del Islam.

La estatua de piedra más grande del mundo*

La región de Gandhâra se encuentra entre Afganistán y Pakistán. El antiguo Afganistán fue territorio de difusión del arte greco-alejandrino y, después, del de la Roma imperial, con depósitos de modelos en los establecimientos de Mundigak, Bêgrâm, Hadhdhâ, Shuturak, Fundukistán, Taxila y, en particular, el Valle de Bâmiyân, abierto también a las maneras clásicas del Irán de partos y sasánidas y a las de la Siria romana. De este valle, etapa forzosa en la Gran ruta caravanera que atravesaba el Hindûkush, con numerosos monasterios y seminarios budistas, partieron entre los ss. II y VIII d. C. numerosos misioneros que llevaron a India, China y Japón la iconografía budista típica, aún hoy derivada, evidentemente, de modelos clásicos grecorromanos: Buda envuelto en el peplo, la decoración en cuarto bocel, las molduras corintias, arquitrabes con metopas y triglifos, capiteles compuestos. A ello contribuyó después la "Ruta de la seda", que conectaba el Mediterráneo romano con la China de los Tang.

A lo largo de la pared de roca que cierra el valle, los monjes excavaron numerosas celdas y esculpieron varias estatuas de Buda, entre ellas una de 35 m de altura (ss. II-III) y otra, colosal (s. VI), de 53 m (como un edificio moderno de dieciséis plantas). Una parte de su ropaje se realizó cubriendo con estuco grandes cañamazos; el rostro era de madera dorada, que hacia el s. XV ya se había estropeado y desaparecido; una parte (piernas, manos), al faltar la roca, se realizó con aportes de estuco anclados a la pared mediante vigas (aún son visibles en la roca los agujeros cuadrados donde se metía la viga); el estuco se desmenuzó en el curso de los primeros cuatrocientos años. El "Gran Buda" del Valle de Bâmiyân fue descrito desde el s. XVII por viajeros franceses, difundido gráficamente en el s. XIX en grabados de la época, y fotografiado a partir de la llegada de Habib Âllâh (1907).

Quien esto escribe lo ha visitado en 1938 y en agosto de 2000, constatando, además de la inmutabilidad en los siglos, la majestuosa serenidad que –a pesar de la parcial degradación debida a la precariedad de los materiales superpuestos, madera y estuco, dañados por el tiempo– sigue inspirando la colosal escultura.

* Destruida por los talibán (marzo-2001)

La importancia de la Ruta de la seda

El vasto mundo centroasiático estaba recorrido, en su parte central, a partir de China y hasta la Anatolia mediterránea, por un gran río de gentes: los pueblos turcos. Los turcos se caracterizaban por su abierto interés hacia todas las creencias; y al igual que habían acogido, reelaborándolas, las distintas formas de arte que llegaban al centro desde Roma y China, también habían aceptado las distintas doctrinas religiosas y filosóficas, entre ellas también el budismo. Así fue manifestaba sobre todo en la coordinación de la orden monástica, bien organizada y poderosa. Es posible que, cuando la inteligencia turca pasó del budismo al islamismo, la clase monástica budista se desplazase progresivamente hacia lo que podemos llamar el "monacato" islámico, es decir, el sufismo, la parte más mística y elevada del Islam, al que proporcionó numerosísimos poetas y hombres de ciencia de gran valor universal. Una corriente musulmana mística, la orden sufi Kalandariyya, surgida probablemente en el s. IX como consecuencia de la

como el budismo se difundió por el vasto territorio chino, precisamente gracias a los reinos turcos del norte de China, en particular el reino Wei (386-551). Luoyang (Lo-yang), capital de los turcos tabghach, tuvo más de 1.300 pagodas y, por orden de T'o-pa Hong II (471-499), se crearon en las grutas de Lungmen las obras maestras del arte budista de inspiración grecorromana según modelos importados de Gandhâra (Afganistán). Hay que tener en cuenta que el budismo era una religión elitista, lo que se Malâmatiyya ("los del reproche", corriente ascética musulmana), se consolidó en Jurāsān a partir del s. IX, y a ella se adhirieron numerosos monjes budistas. En el s. XIII, esta orden estaba muy influenciada por el budismo, y sólo tras su difusión hacia Occidente por obra de Sâvi (c. 1144-1232) se alineó completamente con la ley islámica (Sharî'a).

En el vasto ámbito territorial de Asia central se ha de hacer otra consideración importante, que no se ha tenido en cuenta por parte de quienes se han

interesado por el budismo y el sufismo: la importancia de la Ruta de la seda, que conectaba China con la cuenca mediterránea, controlada por los turcos centroasiáticos. Se trataba de un notable medio de difusión de culturas y de valores distintos –además del propio budismo– en países musulmanes, así como del Islam en regiones no musulmanas. Fueron sobre todo los turcos selyúcidas quienes reorganizaron la gran arteria dotándola de numerosos caravasares a lo largo de todo el recorrido: construcciones en piedra o ladrillos, de sección áurea, edificadas en su mayoría por maestros ingenieros pertenecientes a órdenes sufi. Estos conjuntos, altamente funcionales, a menudo de imponente y espléndida apariencia arquitectónica, albergaban gratuitamente durante tres días aparte las caravanas, a caminantes, estudiosos, estudiantes y misioneros, fuese cual fuese su nacionalidad y su religión (como se lee aún hoy en las inscripciones que perviven en sus puertas de entrada), así como a monjes budistas y sufi que peregrinaban en la mística *búsqueda*. Albergaron, por ejemplo, a aquel Marco Paolo (Marco Polo a la manera véneta) de Villonis, llamado Milione, que redactó el *Livre des merveilles du monde*, erróneamente denominado *Il Milione* por el sobrenombre de su autor.

Así pues, los caravasares fueron centros de intercambios culturales –algunos estaban provistos de bibliotecas– donde al caer la tarde se discutía y se filosofaba, y donde se encontraban, se confrontaban y se enriquecían las numerosas culturas que gravitaban en los estados turcos y en sus márgenes. Se trató de una aportación considerable a la cultura euroasiática, así como de uno de los más importantes medios de difusión del budismo.

Página contigua: el colosal Buda Vairócana. Escultura rupestre de 672-675 en Luoyang (Honan), China.

Arriba: El Gran Buda de las grutas de Mogao, Dunhuang (Gansu), localidad de la Ruta de la seda.

Derecha: el caravasar de Kanlong, Kashgar, Xinjiang, en la Ruta de la seda.

Sabiduría antigua y nuevas interpretaciones

Con la difusión del Dharma más allá del valle del Ganges, la palabra del Iluminado entró en contacto con etnias diferentes, hechas a costumbres diversas dictadas por las distintas condiciones ambientales y de vida. Los pueblos del sur, por ejemplo, dedicados antes al vivir sosegado que a la contemplación y a la especulación, no se vieron contaminados por la dialéctica y mantuvieron las bases del Dharma en una especie de autenticidad primitiva. Otras gentes, quizá menos avanzadas, o condicionadas principalmente por mitologías y miedos seculares, insertaron en el budismo sus propios demonios y sus propias leyendas. Aparte de ello, se puso de manifiesto una diferencia sustancial cuando la Doctrina entró en contacto con estratos sociales más amplios y, a la vez, más sencillos.

Surgieron conceptos y adaptaciones, y se formaron sectas y creencias incluso en abierto contraste entre sí. La diáspora geográfica sometió al Dharma a aquella mutación entre cuyas garras consideraba Buda que estaban presas todas las cosas del mundo fenoménico; pero, asimismo, obligó a desarrollarse de forma autónoma a numerosos centros abandonados a sí mismos o excluidos del centro común por sucesivas vicisitudes políticas. Es lo que sucede con una lengua madre, perdida poco a poco en los remolinos de las neolenguas derivadas de ella, de los dialectos, de las "mutaciones" filológicas, hasta las diversidades extremas evidentes hoy en Europa en los numerosos lenguajes derivados del latín, consecuencia a su vez de mutaciones derivadas del sánscrito.

El budismo se escindió en tres grandes corrientes: Theravâda, Mahâyâna y Vajrayâna. Es indudable que los matices, las distintas coloraciones, la diferenciación de aspectos se apoyaron bien en la figura de Buda (y en los momentos relevantes de su vida), bien en las palabras de Buda y su doctrina. La corriente Theravâda mantuvo en lo posible la iconografía budista dentro de límites formales estrictamente fijados. En las corrientes Mahâyâna y Vajrayâna, por el contrario, la divinización de Buda y la multiplicación de imágenes se enriqueció con la representación divinizada –y, por ello, personalizada– de sus actos y sus pensamientos.

Izquierda: *avalokitéshvara*, o "el Señor de la compasión". Bronce nepalí del s. XV.

Página contigua: Buda con ropaje clásico romano-iraní. Fresco en el Valle de Bâmiyân, Afganistán.

Âsana: posiciones de Buda en la iconografía tradicional

Las posiciones de Buda y de las divinidades budistas son de cinco tipos: de pie (seis estáticas y dos dinámicas), sedentes, echados, arrodillados y volantes.

Las principales posiciones de Buda sedente son:

1. Posición de descanso (*ardhaparya ka*), literalmente, mitad del trono; o *lalitâsana*, o *lalitâk epa*).
2. La misma, del revés (*vâmârdhaparya ka*), principalmente reservada, sin embargo, a las divinidades menores.

3. Posición noble (*sattvaparyanka*).

4. Posición del diamante, o del fulgor, o del loto (*vajraparyanka*, o *vajrâsana*, o *padmâsana).*

5 Posición de comodidad real (*mahârâjalîlâsana*).

6. Posición del enseñante: *utkû akâsana* muy rara para Buda, asignada habitualmente a *Ulûkî*, divinidad feroz, en el panteón tibetano; o también a los maestros instructores en el acto de predicar.

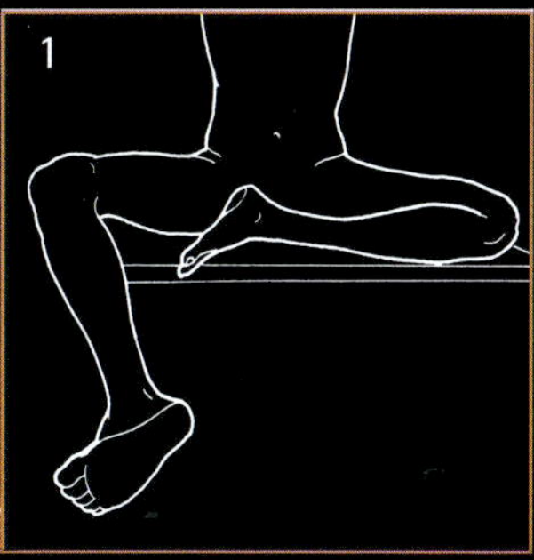

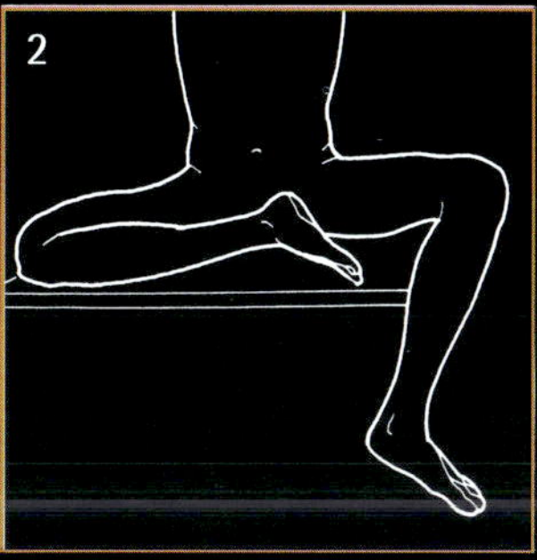

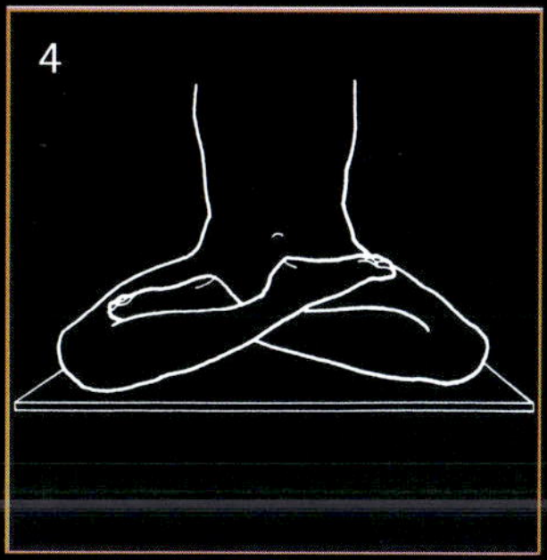

Arriba: Buda sedente. Arte kushana, s. I d. C. Arenisca roja, 69 cm de altura. Mathurâ, Museo arqueológico. Buda está sentado en el gesto que tranquiliza, *abhaya-mudrâ,* bajo el árbol de la *bodhi*.

Página contigua: Tathâgata Ratnasámbhava. Monasterio de Kadampa, Tíbet central, s. XIII.

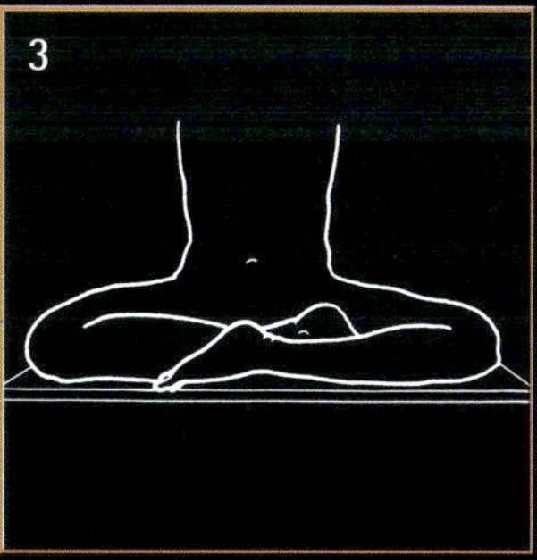

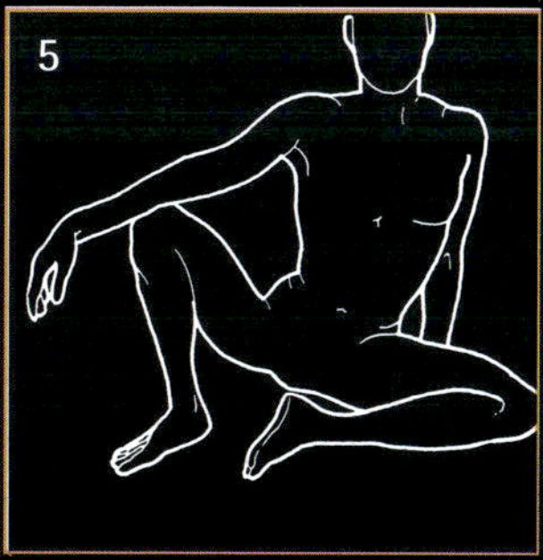

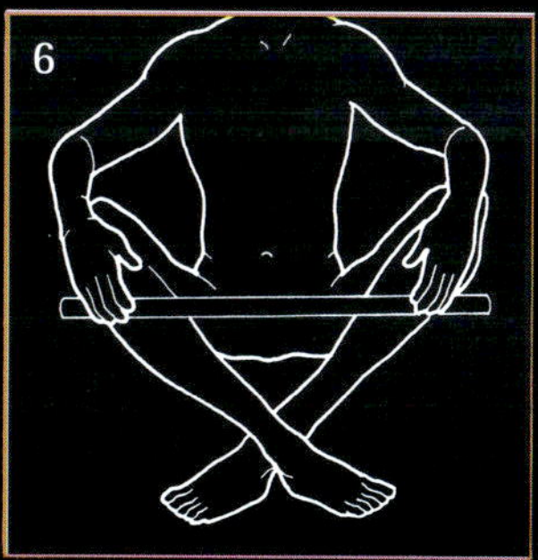

El bodhisattva Manjushrî. Aunque empuña una espada con la mano derecha, no expresa amenaza, sino compasión. El rostro, vuelto hacia el religioso que lo invoca, es sereno y pacífico. Su variante en negro es el bodhisattva de la sabiduría, que emplea la espada para extirpar la ignorancia y mantiene en equilibrio, sobre un loto en flor, el *Sûtra de la sabiduría perfecta*, importante texto budista. Arte mongol del s. XVIII. Ulan Bator, Museo de Bellas Artes, Mongolia.

Las representaciones hagiográficas dan cuenta, sobre todo, de los distintos momentos de la vida (por citar los principales: nacimiento, tres encuentros, renuncia, meditación, iluminación, puesta en marcha de la Rueda de la Doctrina, muerte), cada una con posturas específicas, y una determinada iconografía rígidamente fija. Buda adquiere después una trinidad esencial: cuerpo creado, con el que viene a la Tierra (*nirmânakâya*, o cuerpo de las manifestaciones existenciales, ilusorias en sí mismas, y, en consecuencia, el plano concreto de la encarnación manifiesta); cuerpo espiritual (*sambhogakâya*), cuerpo de unión, cuerpo de participación, condición esencial o plano de conocimiento de los bodhisattva antes de la encarnación; y cuerpo conceptual o de sabiduría (*dharmakâya*): esencia objetiva del Dharma, condición específica de conocimiento y de predicación de la Doctrina. Éstas son las tres realidades perceptibles y concretas de Buda. Seguidamente, estos cuerpos se tornaron, a su vez, esencias individuales y subjetivas.

Tiene valor y presencia, además, el Buda palingenético, el "siempre existente", el Amidabuda, principio espiritual de la naturaleza de Buda, adorado en particular por la Escuela de la Tierra Pura. De su meditación nacen los cinco *dhyânibuda*, o Buda trascendentes: Aksobhya (el imperturbable), señor de lo imaginable; Amitâbha (luz ilimitada), señor de la flor de loto; Amoghasiddhi (la realización infalible, quien lo logra); Ratnasámbhava (el nacido en la joya); y Vairócana (el de resplandor solar, el más importante de los cinco). Los primeros cuatro presiden los cuatro puntos cardinales, y el último el cénit. De estos cinco *dhyânibuda* proceden otros tantos *dhyânibodhisattva*; el que procede de Amitâbha es el Buda Avalokitéshvara (el señor de la compasión). Su cuerpo creado es Siddhârta Gáutama, y su tarea es acoger a las almas, por lo que a veces se le representa con el aspecto de una mujer con un niño en brazos; por esta razón, a las figuras chinas de marfil del s. XIII que llegaron a Francia se las consideró representaciones de la Virgen con el Niño, y de ellas derivó (curvas como el colmillo del elefante) la línea *déhanchée* (sin caderas) de las estatuas del Valle del Loira.

Entre los numerosos Buda futuros, uno muy venerado es Maitreya (el benévolo), a quien el sabio Kâshyapa ha transmitido la ropa y los poderes de Shakyamuni. Se considera que se encarnará sobre la Tierra dentro de unos 2.500 años, en una familia de brahminos.

Vajrabhairava, divinidad feroz, frecuentemente representada en la tradición nepalí, tibetana y mongola. También se la conoce por Mahâvajrabhairava, y en nepalí Mahisa-samvara (el Sambara con cabeza de búfalo, porque, en efecto, su rostro principal es taurino). De color negro o azul, tiene nueve caras, dieciséis pies y abraza una Prâjña. Tucci, en su *Mandala*, enumera todos los objetos que aprieta en sus manos. Los pies, vueltos hacia la derecha, pisotean distintos personajes y animales. Se identifica a veces con Kubera (o Kuvera), jefe de los yaksa y guardián del Espacio. Thangka tibetano del s. XVI, monasterio de Sakyapa, Tíbet central.

Para los budistas tibetanos, él reside en el paraíso de los dioses tusitas. Por su parte, los Buda del pasado son, según las escuelas, entre cuatro y treinta y dos. Entre cincuenta y seis y cien son los Buda llegados a la Tierra –una especie de profetas predicadores de distintas religiones–, el primero de los cuales fue Dyrankara. El panteón más numeroso de todos es, sin duda, el del budismo tántrico de Tíbet.

Del mismo modo que se multiplicaron sin solución de continuidad las figuras-símbolo del Buda histórico, también lo hicieron los textos: comentaristas, ensayistas, exégetas y divulgadores interpretaron simbológicamente cada momento mínimo de la vida del Gáutama Shâkyamuni, explicaron las teorías, narraron la historia y los desarrollos del budismo, así como la vida y el pensamiento de los numerosos grandes maestros de todas partes del mundo. No sería errado decir que, movidos por la fe budista o por explicar el budismo, se han escrito millones y millones de páginas en toda clase de soportes.

Veamos tres momentos significativos: el libro impreso más antiguo llegado hasta nosotros es una versión china del *Sûtra de Diamante*, xilografía tabellada del s. IX; del mismo siglo, la Universidad budista de Nalanda –que reunía 8.500 estudiantes y 1.500 enseñantes– conservaba en su biblioteca, considerada a la sazón la más rica del mundo, un ejemplar de cada lección (cada día se impartían cien lecciones); en 1905 se abrió, en Londres, por primera vez en Occidente para una religión no cristiana, una biblioteca exclusivamente para textos sobre budismo en lengua inglesa. Piénsese que, en Tíbet, se leen el *Kanjur*, de 108 volúmenes, el *Tanjur*, de 250 volúmenes, y numerosos tratados de ciencia oculta, uno de los cuales, el *Kuiti*, está formado por 35 volúmenes de texto y 14 de comentarios. Y éstos no son más que tres de los 648.000 volúmenes que se conservaban, en una determinada época, en el monasterio de Lhasa (Tíbet).

La tradición del Pequeño Vehículo

La primera escuela surgida de las controversias del cuarto Concilio es la denominada Escuela de la sabiduría, la Theravâda, también llamada, por las otras escuelas, en sentido peyorativo, "la Escuela del Pequeño Vehículo" (Hînayâna). Fue organizada analíticamente por Shâriputra, y constituye la imagen ortodoxa del budismo más antiguo. Hoy día continúa activa en Sri Lanka y en el Sudeste asiático.

La formulación de la escuela Therâvada puede parecer, incluso, una de las filosofías morales más fascinantes del mundo; acorde a la razón, sin imponerle dogmas irracionales y acientíficos, objetiva, y quizá la más tolerante entre todas las religiones puramente espirituales. La Escuela actual se basa en la tríada clásica: Buda como maestro, Dharma como doctrina, y Sangha como modo de vida. Es historicista y antinominalista: no admite ni un dios ni un alma; cree en la impermanencia de los fenómenos, en el sufrimiento universal generado por el hecho de vivir, y en el renacimiento determinado por el deseo de vivir. De la cadena de renacimientos nos podemos liberar alcanzando el aniquilamiento absoluto, el Nirvâna. Buda dijo: "La materia es ilusión. No desistáis del espíritu. También el espíritu es ilusión".

Si el alma no existe, ¿qué es, entonces, lo que renace? Renace un cúmulo de atributos, o características, en continua evolución, que establece carácter y personalidad con deseos, pasiones, recuerdos y preconceptos. Las pulsiones que de ello derivan nos hacen desear la vida, la felicidad, la posición, los honores..., y todo ello no es sino

Página contigua: Ekadashamukha de once cabezas. Larón, s. XI, Ladakh.

Abajo: el gran monasterio de Polonnaruwa, en Sri Lanka.

reflejo de la principal de las ilusiones: el egoísmo. El resplandor de la luna sobre el estanque no es la luna, sino su reflejo insustancial. De igual modo, el cúmulo de acciones de un ser humano, en relación constante con los demás elementos aglomerados, carga de recuerdos negativos el deseo de vida y exige una purificación total antes del aniquilamiento, de la nada.

Son doce las causas primeras o eslabones (*nidâna*) responsables de la concatenación de los renacimientos, configuradas en los doce rayos de la "Rueda del devenir": la ignorancia, la agregación, la conciencia refleja, el nombre-forma, las cinco facultades de los sentidos, lo mental, el contacto perceptivo, la sensación, la codicia, el vínculo, la existencia y el nacimiento-muerte. Al principio, todo está regido por el no-conocimiento, la ignorancia (*avidya*) que es causa de la existencia del mundo fenoménico, efectivamente ilusorio e inconsistente, y del deseo o codicia (*trsnâ*), sed de existir, de gozar, de vivir lo inexistente.

La fórmula completa del pensamiento de Buda expresado por el Pequeño Vehículo puede, en definitiva, resumirse así: originariamente, tenemos causa y efecto; de la causa derivan pasión y acción, y del efecto, la consecuencia. Ello determina la rueda de la vida que gira hasta el infinito, recorriendo un camino concreto, que puede describirse así: "De la ignorancia nacen las actividades voluntarias. De las actividades voluntarias nace la conciencia. De la conciencia nacen lo mental y lo corporal. De lo mental y lo corporal nacen los seis sentidos. De los seis sentidos nace el contacto. Del contacto nace la sensación. De la sensación nace el deseo. Del deseo nace el apego. Del apego nacen las acciones. Las acciones causan el nacimiento (y el renacimiento). De cada nacimiento llegan vejez, muerte, tristeza, dolores, quejas, desesperación. Así nace la gran cantidad de sufrimientos del mundo. Los dos primeros ciclos pertenecen al pasado, los ocho siguientes al presente, y los dos últimos al futuro. He aquí la cadena de percepciones para poner fin al sufrimiento: la cesación total de la ignorancia conduce a la total cesación de las actividades; la cesación de las actividades lleva a la cesación de la conciencia; la cesación de la conciencia conduce a la cesación de lo mental y lo corporal; la cesación de lo mental y lo corporal lleva a la supresión de las seis esferas de los sentidos; la cesación de las seis esferas de los sentidos conduce a la cesación del contacto; la cesación del contacto lleva a la cesación de la sensación; la cesación de la sensación conduce a la cesación del deseo; la cesación del deseo conduce a la cesación del apego; la cesación del apego lleva a la cesación de las acciones; la cesación de las acciones conduce a la cesación de los renacimientos; la cesación de los renacimientos lleva a la cesación de la vejez, la muerte, la tristeza, los lamentos, los sufrimientos y la desesperación. Así se apaga el conjunto de los sufrimientos del mundo".

En esencia, el Pequeño Vehículo es profundamente místico, pero no reconoce un dios aunque practique la oración; busca lograr la comprensión intuitiva del universo mediante la lectura constante de las palabras de Buda, si bien predicando el valor de la experiencia como preferible al de la fe ciega y las nociones dogmáticas; no admite superioridad de casta, sexo o etnia; abre sus santuarios a todos sin distinción; y, en definitiva, afirma que "es budista quien se comporta como se comportaba Buda".

Las dos principales sectas hînâyana surgieron en Camboya (Kampuchea), donde los fieles se dividieron en Mohanikaya (Gran montón), o tradicionalistas, y Thomayuti (orden real), o reformistas. En China se consolidaron las sectas hînâyana de los Lu Tsung y los Cheng-shih Tsung; en Japón, la Kusha, la Jo-jitsu y la Vinaya.

Página contigua: dos vistas del Wat-pra-ho de Bangkok, Tailandia, construido a partir de fines del s. XVIII para conservar el denominado "Buda de Esmeralda".

Terraza sur del templo de Bārābudur, en Java, una de las construcciones más prestigiosas del budismo mahayâna. En el friso están representados los episodios del *Saddharmapundarîka-sûtra*.

Los cien mil seguidores del Gran Vehículo

Partiendo de la consideración de que la doctrina expresada por la Escuela Antigua era incompleta y, en la práctica, insatisfactoria, un grupo de monjes eruditos profundizó en el conocimiento de los cánones hînâyana, ampliando los conceptos. Así surgió la primera gran división formal, la Escuela del Gran Vehículo (Mahâyâna), escuela destinada a dividirse en múltiples arroyos, todos de gran importancia, todos originados en las iluminadas visiones filosóficas de un gran maestro, pero también en las exigencias prácticas de países cuyos usos y costumbres, modos de vida, e ideal místico, eran totalmente diferentes a los de India.

Antes que nada, con el Mahâyâna la Orden se abre también a las mujeres. ¿Se realizaba una de las profecías del Iluminado? Contrario a admitir a las mujeres en la Orden, había previsto que cuando entrasen, cincuenta años después de su muerte, el Dharma se escindiría. Es cierto que la gran difusión del budismo reclamaba una vulgarización más amplia del pensamiento originario. Al popularizarse, sobre todo en China y en Japón, debía adquirir carácter religioso y esotérico, abandonando su auténtica naturaleza intelectual y atea. El ideal ya no era el santo (*arhât*) encerrado en sí mismo, sino aquél que, llegado a los umbrales del Nirvâna, no entra (o sea, no se anula) y vuelve atrás para salvar a los que aún permanecen en la Ilusión. Así se torna un *bodhisattva*: "el ser destinado al despertar", un Buda en potencia. Para el Gran Vehículo, este sacrificio de sí mismo abarca también a Buda, que se escinde entonces en otros tantos renacimientos que representan sus distintos actos y sus muchas enseñanzas.

Más allá de la organización de los conventos y las jerarquías religiosas, el Mahâyâna renovó el budismo en el plano doctrinal, sobre todo por obra de sus tres principales pensadores: Nagârjuna, Asanga y Sântideva.

Nagârjuna (s. I-II), de origen brahmán, teorizó la vacuidad de las cosas, y fue el iniciador del relativismo en su obra principal, *La vía media* (*Mâdhyamaka-kârika*), donde llevó a cabo la conciliación entre el mundo fenoménico irreal, pero considerado real en tanto que verdad empírica, y la Verdad absoluta, a cuya luz el mundo fenoménico aparece del todo irreal.

Asanga (s. V) fue un exégeta monista e idealizador del Absoluto. Según él, en un universo donde todo es transitorio, lo único que verdaderamente tiene cierta importancia es la conciencia.

Sântideva (s. VII) fue un auténtico poeta del misticismo. Para él, sólo el asceta está en condiciones de superar las contingencias de la conciencia y del aniquilamiento del Nirvâna, alcanzando a comprender que "la condición del ser es ser lo que se es" (*tatha*). Este estado puede ser comprendido a través de la "pura notificación", o rendición de la conciencia (*vijnaptimâtrata*).

El Gran Vehículo se difundió sobre todo, como se ha visto, en China y Japón. En estos países, en virtud de una libertad sancionada por la teoría del continuo devenir, el principio base del budismo se escindió en numerosas escuelas. Una de las más populares fue la Escuela de la Tierra Pura, que veneró esencialmente a uno de los cinco Buda trascendentes, Amitâbha (luz ilimitada, magnificencia ilimitada, tiempo ilimitado), tam-

Página contigua: el monje Zenmui, físico, fundador en Japón de la escuela Tendai. Pintura japonesa sobre tela del s. XII, Ichijo-ji, Hyogo.

Abajo: el monje y químico Genzi, maestro de Kukai, fundador de la escuela esotérica Shingón. Pintura japonesa del s. XII, Fumon-in, Wakayama.

Los bodhisattva

“Éstos no quieren ganarse su propio Nirvâna particular. Al contrario, han recorrido el mundo sumamente doloroso de la existencia y, sin embargo, deseosos de lograr la suprema Iluminación, no tiemblan ante el nacimiento y la muerte. Ellos se han puesto en camino por el bien del mundo, por piedad hacia el mundo, para aliviar los sufrimientos del mundo.”

(E. Conze, *El budismo*, p. 45)

bién llamado Amitâyus, Arolika y Vâgîsa (señor del verbo). Es aquél que, en la creencia popular, por su infinita bondad conduce al ser humano al paraíso. En las representaciones tibetanas puede tener un rostro y dos manos, aunque también un rostro y cuatro manos, tres rostros y seis manos, o cuatro rostros y ocho manos. La Escuela de la Tierra Pura se difundió, desde China, por Japón con el nombre de Jôdô, convirtiéndose en “la vía de la salvación mediante la fe pura”.

Por el contrario, la Escuela Shin se basó en una ardua disciplina mística. Igualmente progresistas en la idea de la noción mística lo fueron algunas escuelas chino-japonesas: Hossô, fundada por Doshô; Soran, similar a la anterior, pero de remotos orígenes hinâyâna; Kegón, implantada sobre todo en Nara, en el templo de Tôdaiji, el mayor edificio de madera del mundo, donde se venera una estatua de Buda de 15 m de altura; la escuela comparativa

Página contigua: el Buda lunar (Gakkô Bosatsu) en el Sangatsu-do del Tôdaiji de Nara, obra del s. VIII.

Izquierda: vista del Tôdaiji, en Nara, erigido a partir de 735. En segundo plano el Daibutsu-den, o Kondô (pabellón de oro), considerado una de las construcciones en madera más importantes del mundo.

Abajo: el Amidá Nyorai del templo de Kotoku, en Kamakura.

Tendái-shû; la liberal, esotérica y sincrética Shingón-shû; y la purista y sectaria Nichirén. Cuando, en Japón, las escuelas Kegón, Tendai y Shin cayeron en desgracia a causa de acontecimientos políticos, el pueblo volvió los ojos hacia la Escuela de la Tierra Pura, mientras la clase militar, obligada a un férreo código de honor (*bushidó*), se entregó a un culto espiritual "de acero", el Zen (en chino, Chan), que por su elegancia cultural y su profundidad de expresión alcanzó una trascendencia místico-intelectual tal vez lograda, asimismo –sobre todo en China–, por los valores místico-metafísicos del sufismo islámico, con el que tiene numerosos puntos de contacto. El Zen constituyó, sobre todo en la más activa de sus corrientes, la Rinzái, la parte más intelectualmente iluminada y avanzada en el ámbito de la especulación esotérica budista por carecer tanto de formalismos externos como de ritualismos populares.

El Buda gigante

En el templo de Tôdaiji (gran templo oriental) de Nara (Japón) reina la colosal estatua en bronce de Buda Roshana (en sánscrito, Vairócana), con sus más de 15 m de altura, realizada por orden del emperador Shômu bajo la dirección del escultor Kuminaka-no Muraji Kimimaro. Terminada en 753, dispone de una original base en forma de flor de loto, en cuyos pétalos se hayan esgrafiados los mundos que preside la divinidad; el resto fue parcialmente destruido en 1180 y en 1567, siendo finalmente reconstruido en 1692, en la época Edo.
Otro Daibutsu japonés, también de unos 15 m de altura, es el Amidá Nyorai (en sánscrito, Amitâbha Tathâgata), que se encuentra en el Templo de Kôtoku, en Kamamura, fundido en bronce, en 1252, en el estilo del gran escultor de la época, Kaikei, discípulo de Kôkei.

El Vehículo de las invocaciones

Hacia el s. v d. C. se fueron desarrollando tanto en la India brahmánica como en la mahayánica las compilaciones (*tantra*) de reglas y procedimientos mágicos, constituyendo así un "tantrismo hinduista" que ponía el acento en los principios masculino y femenino, en los que la divinidad se había escindido para crear el mundo fenoménico. El influjo del Yoga contribuyó a la definición de prácticas particulares (como, por ejemplo, el dominio del ritmo respiratorio); entretanto, reminiscencias paganas y del Valle del Indo atribuyeron gran importancia a palabras mágicas (*mantra*) gracias a las cuales –pronunciadas de manera correcta– se accede al Absoluto.

El tantrismo hinduista se exteriorizó en distintas formas: la *pûja*, ejercicio ritual de culto, símbolo del sacrificio y de la ofrenda; las *âsana* o posiciones, gracias a las cuales el adepto despierta las energías de su propio cuerpo o configura posiciones que reflejan las del universo para trascender la materia hasta alcanzar el Todo; el *mantra*, sílaba o grupo de sílabas que se pronuncian o se piensan de un cierto modo a fin de concentrar las energías cósmicas o psíquicas, mover las energías vibrato-

Izquierda: el monje bengalí Atîsha (982-1054) en distintos episodios de su vida. A él se debe la reforma de la Orden y la fundación de la escuela rigorista bKa'gdams pa que restauró la antigua y rígida disciplina monástica, según las fuentes originarias indias. Pintura tibetana del s. xix, Nueva Delhi, Fundación Ravi Kumar, India.

Página contigua: un maestro de la Orden Sakyapa. Pintura tibetana de s. xvii. Nueva Delhi, Fundación Ravi Kumar, India.

el Yo individual (el Sí) y el Ello (el otro que el Sí). Del Ello se derivará la Mâya Sakti en la división aparente de sus cinco *kanchuras* (Kali, separadora del tiempo; Niyati, productora de la dependencia; Râga, que une las cosas separadas, Vidyâ, conocedora de las cosas separadas y Kâla, causante de la acción difusa). De esto derivará la Prákriti con los tres *guna* (cualificaciones del mundo de la materia: pureza, acción y estasis) y los cuatro modos de pensamiento, origen de los *Tattva*, esencias o funciones-realidad.

Este formulario mágico-esotérico, al principio introducido esporádicamente en Tíbet en tiempos del rey Sron-btsan-sgam-po (Rotsagapó, 618-694), se desarrolló en contacto con el budismo de manera autónoma dando origen al budismo tibetano, o Vehículo tántrico, o del Diamante (Vajrayâna), también llamado Mantrayâna (Vehículo de las invocaciones).

rias, entrar en sintonía con ellas, o crear un vacío en la mente; el *yantra*, diagrama simbólico que condensa un campo de energía divina o universal y, en última instancia, el pensamiento, origen de todo, separándolo de las vanas construcciones mentales. De hecho, lo que demuestra en mayor medida la existencia de un alma en nosotros es el pensamiento.

Procediendo de este modo, se repite la creación cósmica y el *Parasmavit* (el que todo lo engloba, brahmán sin calificaciones) se escinde, entonces, en dos divinidades-símbolo: Siva y Sakti. La primera, positiva, *prakâsa*, es el resplandor inicial masculino del ser; y la segunda, negativa, *vimarsha*, es la función femenina del ser, espejo del *prakâsa*. De la unión (simbolizada como unión sexual) de Siva y Sakti derivan el Sí y la Sakti con los ojos cerrados, que idealizan el yo y el otro, que dan origen al Yo y la Sakti con los ojos abiertos, que a su vez originan

Arriba: el primer Dalai Lama efectivo, Sönam Gyatsô (1543-1588), aunque tercero por tradición. Thankga tibetano del s. XIX. París, Museo Guimet.

Abajo: Zanabazar, difusor del budismo en Mongolia. Pintura del s. XVII. Ulan Bator, Museo de Historia de la Religión, Mongolia.

Nacía así la tercera gran escuela del budismo. Los varios Buda divinizados y los distintos bodhisattva se unieron a los numerosos demonios del chamanismo mongol-turco de las estepas de Asia central, representando o encarnando ahora fragmentos del espíritu universal, en ocasiones buenos o indiferentes, pero a menudo hostiles y terribles. También las dos mujeres del rey Srong-btsan-sgam-po, una china –a quien se debe la conversión de la corte al budismo– y otra nepalí, fueron divinizadas con los nombres de Târa Verde y Târa Blanca. Ambas son las divinidades protectoras de Tíbet.

Târa Blanca, en su aspecto de muchacha de dieciséis años, con un *utpala* (flor comestible) en la mano izquierda. Pintura mural contemporánea del Chörten de Thimpu, Bhután.

En tiempos del rey K'ri-sron-Ide-brtsan (742-797), el "Vehículo" ya había conquistado al pueblo por obra del monje Padma Sambhava (llamado Guru Rimpoche), y hacia 1040 se impuso en todo Tíbet y en los territorios vecinos, gracias al monje Atîsha (Atsha). La forma autónoma así definida consideraba posible gobernar los elementos, la levitación, la telepatía, la teleportación, la indiferencia al frío intenso, y otros prodigios obtenidos con el conocimiento de la Vía, de los gestos rituales (*mudrâ*), las palabras rituales (*mantra*), los diagramas simbólicos (*yantra*) y las cosmogonías pintadas (*mandala*). En el plano práctico, los monjes se adueñaron poco a poco del poder terrenal hasta alcanzar definitivamente el gobierno. La figura principal de la hegemonía religiosa fue Tsongk'apa (1358-1419), a quien se debe la reforma que contrapuso los Gorros Amarillos (los monjes castos, o "de la mano derecha") a los Gorros Rojos (los monjes "de la mano izquierda", casados, que practicaban la exaltación del apareamiento en paralelo con las prácticas hinduistas análogas del tantrismo). Al parecer también se debe a él la institución del Dalai Lama, o rey-sacerdote (*dalai*, gran océano; *lama*, el superior de un convento), y del Panch'én Lama, jefe administrativo, que han dirigido el país hasta la invasión china de 1950. La aportación sexual de los Gorros Rojos, mediante el desarrollo de la teoría de la Pareja de Contrarios, dio vida al shaktismo, concepto según el cual todo principio masculino (divinizado) tiene su contrafigura femenina, dado que el universo fenoménico subsiste gracias a la existencia de un principio positivo y un principio negativo.

El budismo Zen

El término japonés *Zen* (en indio, *Dhyana*, y en chino *Chan*), auténtica apoteosis del budismo, puede considerarse, efectivamente, una escuela en sí misma, hasta tal punto se aparta a veces de los cánones tradicionales y formales de la religión entendida como itinerario constante de prácticas y fórmulas. Para el Zen, la imagen sagrada, en la oración y en la contemplación, es tan útil como el combustible que se echa en una estufa, dado que el objetivo del Zen es la superación total de todo formalismo terrenal. Incluso la cultura más alta, el logro de la visión mística, el *satori*, no son más que medios, simples vehículos: la realidad siempre está más allá.

Se dice que un rey se acercó un día a Buda y, tras ofrecerle una flor, le pidió que le explicase la Doctrina. Buda levantó la flor y la miró largamente en silencio. Al cabo de un rato, uno de los presentes, el venerable Mahâkâsyapa (Mahakássapa), sonrió. ¡Él "había comprendido"! Así nació el Zen, que, además de los textos canónicos, remite, asimismo, a los grandes filósofos chinos de los ss. V-I a. C., como Lao-tse, Chuang-tse y Lie-tse. Desarrollado en China por Hui-neng (Wei Lang), se implantó sobre todo en Japón, donde lo introdujo hacia 520 el filósofo indio Bodhidharma (en japonés, Dáruma). Se cuenta que, cuando Bodhidharma llegó a presencia del emperador de Japón, éste le pidió que explicara los principios de Zen, y él le respondió: "El primer principio del Zen es el vasto vacío". "Pero, entonces, ¿quién está delante de mí?", preguntó el emperador. "No tengo la más mínima idea", fue la respuesta.

El Zen intenta efectuar una irrupción súbita del pensamiento pensado al conocimiento real. A ello se llega gracias a una serie de apercepciones que generan la quiebra del mundo ficticio en todos sus planos, es decir, gracias a los *kôan*, dichos sublimados.

Veamos algunos ejemplos de *kôan:* "¿Cuál es el sonido de dos manos al batir una contra otra?", preguntó Mokurai batiendo las manos. Y después preguntó: "Y, el sonido de una sola mano, ¿cuál es?".

Página contigua: detalle del *Tenju Koku Mandara* (Mandala de la longevidad celeste), bordado de 622. Ikaruga, Museo del Chûgûji, Japón

Arriba: Pabellón de plata en el Ginkakuji (o Jishôji), templo del cuartel Sakyô-ku de Kioto. En el proyecto inicial debía ir recubierto de placas de plata, de donde le viene el nombre.

Abajo: Jion Daishi (Ts'en-ngen), precursor de la escuela Hossô. Pintura del s. XI. Yakushiji, Nara, Japón.

Un estudiante preguntó al maestro: "Si en mi mente no tengo nada, ¿qué debo hacer?". "Échalo fuera", respondió el maestro. "Pero si no tengo nada, ¿cómo puedo echarlo fuera?". "Entonces, quédatelo". Un maestro que no tenía nada en la mano preguntó a sus alumnos: "¿Veis la azada que tengo en la mano?". "Claro que no, no tienes nada en la mano". "Bien, entonces, tomad esta azada y cavad". He aquí un *kôan* muy conocido. Un maestro preguntó a los alumnos: "Si *digo* que un ánade está encerrado en una botella, ¿cómo haréis para liberarlo?", y , tras una serie de respuestas equivocadas: "*Decid*: bien, está libre". Y otro más: "Si no hay ningún dios, ¿dónde está dios?". Respuesta: "Todo es dios".

El sistema *kôan* fue racionalizado por el gran maestro zen Hakuín Zenjí (1686-1769), que lo dividió en cinco clases: *hosshín-kôan*, para iniciar el camino; *kikán-kôan*, para el conocimiento de la iniciación; *gonsén-kôan*, que puntualiza el valor efectivo de la palabra; *nantô-kôan*, el "difícil de penetrar"; y *go-í-kôan*, percepción de los cinco órdenes de independencia del yo. Todo ello con el objetivo de alcanzar el *satori*, la Iluminación espiritual, el desapego de la vacuidad de un mundo fenoménico que nos parece real, mientras que sólo es ilusorio. La condición de *satori* no puede ser descrita.

Las consecuencias del Zen fueron de notable importancia para el comportamiento ético (recuérdese el *bushidô* de los samurai japoneses) y para las artes, a las que aportó los conceptos de *sûnya* (vacío, ausencia de toda materia) y de *sûnyata* (vacuidad, el trascender el mundo de las ideas preconstituidas), conceptos esenciales en la composición gráfica para la que una parte de la pintura, generalmente el ángulo inferior derecho, debe estar "ocupada" por el vacío.

En este terreno son emblemáticas las concepciones compositivas de los ramos de flores (*ikebana*) y la

línea sinuosa de los árboles enanos (*bonsai*). En definitiva, para el budismo, tanto los credos religiosos como los dogmas y los sistemas filosóficos únicamente son *ideas* sobre la Verdad, del mismo modo que las palabras no son hechos, sino sólo lo que se dice de los hechos. Por el contrario, el Zen es un intento vigoroso de entrar en contacto directo con la Verdad misma sin permitir que teorías o simbologías se entrometan entre el que siente y lo sentido. En cierta medida, el Zen es vivir la vida en vez de vivir un "lo que se oye" de la vida; no tolera sabiduría de segunda mano, experiencias descritas, preconceptos, suposiciones. La sabiduría de segunda mano se valora cuando tiene por función señalar una vía, mas es peligroso tomarla por la vía misma o, directamente, por la meta del viaje. Las maneras con las que se describe la Verdad son tantas y tan sutiles que pueden tomarse a veces por la Verdad misma; por este motivo el Zen es iconoclasta, y tiende a abolir las imágenes puramente intelectuales de la realidad fenoménica, considerando que ésta sólo puede conocerse a través de la experiencia personal. De ese modo, lo que otros han dicho se torna válido y es tuyo sólo cuando tú mismo lo sientes, sin que subsista ni un "otros" que lo han dicho ni un "tú" que lo oyes.

Un pedante que estudiaba la historia del zen le dijo al maestro Shinkan: "He escrutado largamente el pensamiento de Tendái, pero hay algo que no logro aceptar. Tendái sostiene que hasta la hierba y los árboles pueden alcanzar la Iluminación. Eso me parece criticable". A lo que Shinkan respondió: "¿Para qué sirve preguntarse si la hierba y los árboles pueden o no recibir la Iluminación? Lo importante es cómo puedes lograr la Iluminación tú mismo. ¿Te lo has preguntado alguna vez?".

Izquierda: el monje japonés Baozhi abre la piel para revelar las facciones de Kannón (denominación japonesa del Buda Avalokitéshvara) de los once rostros. Estatua en madera, periodo de Heian, s. XI, monasterio de Saioji, Kioto.

ARTE BUDISTA BLANCO

Un día, Ânanda, el discípulo predilecto, le dijo a Buda: "La mitad de la vida santa es amistad, asociación, intimidad con la Belleza". A lo que el Iluminado respondió: "No digas eso, Ânanda: constituye *toda* la vida santa". En efecto, el arte que surgió de la religión budista fue uno de los más completos, complejos y ricos de toda la humanidad. Ya el rey Bimbisâra (*c.* 544-493 a. C.) –a quien se debe la primera difusión del budismo–, al fundar la gran capital Râjagrha, cuyas murallas medían 40 km, incluyó en ella las primeras construcciones en piedra de India. También su hijo Ajâtashatru (*c.* 493-462 a. C.), al tomar parte en la gran explosión cultural y artística generada por la nueva religión, dio gran impulso al arte de Bihâr. Vino a continuación el periodo Maurya (322-185 a. C.), durante el cual, con la caída de Persépolis, llegaron a India los estilos griegos de Alejandro Magno y el concepto subsiguiente de un arte al servicio del poder temporal y religioso. Dos grandes reyes, Chandragupta (323-300 a. C.) y Asoka (274-232 a. C.) adoptaron la columna llamada indo-greca y difundieron un estilo típicamente budista traduciendo la normal estructura arquitectónica en madera a una estructura análoga en piedra. En particular, adquirió carta de naturaleza el monumento budista más característico, la stupa, que se verá en detalle más adelante. Durante el periodo Sûngga que siguió (185-72 a. C.) tuvieron gran desarrollo los conventos (*vihâra*), que se dotaron de un sistema uniforme: patio central al que se asoman las celdas de los monjes, un amplio patio anterior para los ritos en común y las ceremonias públicas al que, por último, se le antepuso una sala con estatuas y frescos. Este trazado característico subsistirá tal cual en otros países. Por otra parte, se amplió y multiplicó la tipología de la stupa y se difundieron por todo el mundo budista los grandes templos excavados enteramente en la roca (*caitya*), donde el fresco fue sustituyendo progresivamente al típico bajorrelieve de los periodos anteriores.

Entre los ss. I-V floreció el arte de Gandhâra, región situada entre Afganistán y Pakistán, donde se fundieron las formas grecorromanas e indias.

Adoradores de Buda, fresco de la gruta 24, IV; *vihâra* rupestres del valle de Bâmiyân, junto al paso de Ak-Robut, Afganistán.

Las posiciones (*âsana*) y los gestos (*mudrâ*) de Buda se codificaron sobre la base de las actitudes de los emperadores romanos, mientras que la ropa del Iluminado imitaba el *himation* griego. Desde la capital de los monarcas Kushana (arte de Mathurâ) y del Valle de Gandhâra, los motivos iconográficos típicos y fijos fluyeron a lo largo de la Ruta de la seda hasta China y Japón, mientras que, en su rápido avance hacia el sur de India, dieron origen al arte de Amarâvâti (ss. I-IV) y al arte del periodo Gupta (ss. IV-V). Más tarde, y desde India, los modelos grecorromano-indios pasaron a Ceilán, Java y Tailandia, donde, sin embargo, el budismo se difundió más entre el pueblo que entre los monarcas, con el consiguiente empobrecimiento de la arquitectura mayor. Por el contrario, en Indochina (arte Khmer, arte Champa y arte de Sukhotai) se encuentran los ejemplos más sorprendentes y las muestras más recargadas de grandes monumentos simbólicos.

A partir de entonces el arte budista se desgaja en una larga serie de escuelas y centros, y las distintas formas de arte se mezclan al igual que se entrecruzan las corrientes religiosas: budismo, jainismo, hinduismo, y después islamismo.

Hacia fines del periodo medieval del arte indio (ss. VIII-XII) puede decirse que la tipología budista pierde casi por completo su ascendente, agotándose en repeticiones y manierismos de importancia limitada.

Página contigua: Buda predicando. Está representado con las manos en *dharmacakra-mudrâ*, ademán de poner en movimiento la Rueda de la Doctrina mientras predicaba en Sârnâth. Bajo el trono, adoración del *cakra*.

Arriba, a la izquierda: cabeza de Buda, arte de Gandhâra, s. IV.

Derecha: cabeza de Buda, del túmulo de Faias-Tepe. Arte sogdiano del s. I-II. Museo de Uzbekistán, Tashkent.

ARTE BUDISTA AMARILLO

La proliferación de escuelas, la exposición de sus teorías, el multiplicarse de las divinizaciones, y la necesidad de lugares de culto, influyeron profundamente en las artes budistas, lo que se demuestra en mayor medida en los países de Extremo Oriente. La filosofía y las reglas de vida, iluminación y ascesis han condicionado la toma de posición del espíritu frente a las expresiones materiales del gusto estético, sobre todo en China y Japón. Puede hablarse, en consecuencia, de un arte budista unitario en cuanto al Dharma, pero considerablemente diferenciado, incluso, de un país a otro en lo que atañe a sus aspectos formales.

El primer monumento budista en China es el relieve rupestre de Lien-yün-kang, fechado en 65 d. C., pero el arte budista se implantó allí, sin embargo, entre los siglos primero y tercero, con la dinastía Han, y en tiempos de los Tres Reinos (220-280), durante los que se desarrolló en particular la escultura. En el Periodo de las Dinastías y de los Reinos (304-589), la stupa india se transformó: en Tíbet se convirtió en una especie de torre compuesta y de compleja simbología cosmológica, mientras que en China –donde se identificó con anteriores torres-observatorio– pasó a ser una pagoda de planta central, con pisos (de cinco a quince) subrayados por tejados curvilíneos.

El mayor conjunto budista se encuentra en las grutas de Yün-kang, excavadas entre 460 y 525, uno de los monumentos religiosos más imponentes de toda la humanidad: 51.000 estatuas, una de ellas de 17 m de altura y muchos kilómetros cuadrados de frescos. Gracias al ecumenismo de los reyes turcos que gobernaban aquellas zonas de China, también abundan las referencias al arte de Ceilán y al arte Gupta. Otro conjunto colosal es la denominada Roca de los Mil Budas, en Qianfoling, cerca de Nanjing (época Liang, 502-557). También en China, y en tiempos de la dinastía Sui (581-618), se realizaron otrs obras rupestres grandiosas, y la figura de Buda adquirió en ellas una nobleza hierática característica.

Con los Tang (618-907) y los Song (960-1276), los monasterios se convierten en poderosas fortalezas con grandes torres cuadradas; la escultura se torna fina y delicada, la pintura más espiritual, y toman fuerza artes doctas, como la caligrafía. Destaca el conjunto de Lung-men (1352 grutas, 95.305 estatuas,

Izquierda: detalle de un fresco en el conjunto de grutas de Mogao, en Dunhuang, centro caravanero de Gansu, China, en la Ruta de la seda: pintura mural de la gruta 217 que representa el Paraíso del Oeste, dominio de Amitâbha, el Buda "del esplendor infinito". Periodo Tang (628-907).

Página contigua: la gruta 9 de Yungang, Datong (Shaanxi). Destacan los aspectos clásicos de la decoración, llegados a China a través de la Ruta de la seda. Wei del norte (386-534).

39 pagodas), el Buda de Chengdu (71 m), el de Baidongshan (una Quanin con 1.007 brazos); y los 45.000 metros cuadrados de frescos de Mogao. Con la dinastía mongola Yuan (1276-1368) destaca la bárbara majestad de las estatuas de madera, a la que siguen el refinamiento extremo y la decadencia del arte barroquizante de los Ming (1368-1644) y el declive de los Qing (1644-1911). Para el arte japonés, el budismo ha tenido una considerable importancia y ha alcanzado niveles totalmente originales. Más que las grandes épocas, que propiciaron una intensa actividad cultural y artesanal, cabe recordar sus grandes obras maestras: el templo más antiguo intacto del Asia amarilla, el Hôryûji de Nara (607 d. C.) –que también es el mayor, todo él en madera– y las colosales estatuas en bronce de Buda en Nara (749), de 22 m de altura, y Kamakura (1252), de casi 15 m de altura. En Japón se desarrolló de forma autónoma el arte adscrito al Zen, con su gusto emblemático y la sensibilidad por los grandes espacios y por las líneas, en una especie de improvisación del gesto que ha informado buena parte del arte contemporáneo occidental, en particular el arte abstracto del Signo y del Gesto.

Página contigua: Beg-tse, el Protector rojo. Pintura mongol del s. XIX. Ulan Bator, Palacio de Bogd-khân, Mongolia.

Abajo, a la izquierda: mahâsiddha. Bronce dorado, arte mongol del s. XVIII, del monasterio de Chijin-lama. Ulan Bator, Museo de Historia de las Religiones, Mongolia. Derecha: Syâmatârâ (Târâ verde). Bronce dorado, arte mongol del s. XVIII. Ulân Bâtar, Palacio de Bogd-khân, Mongolia.

Los signos del budismo: la stûpa

A la muerte de Buda, sus seguidores veneraron tres tipos de "conmemorantes" (*caitya*) que podían recordarles la venerable figura del Iluminado: las reliquias de su cuerpo, los lugares en los que había vivido, y los objetos que le habían pertenecido o que aludían a él. Las reliquias y objetos se situaron, principalmente, en el que tal vez sea el monumento más representativo de la religiosidad búdica, la *stûpa*, en tibetano *chörten*: una especie de túmulo destinado originariamente a contener sólo las reliquias del Iluminado y que, más tarde, se erigió para guardar, asimismo, reliquias de grandes maestros o como "pro-memoria" evocador a partir de distintas intenciones simbólicas. La forma arquitectónica de la stupa se desarrolló en los primeros siglos del budismo partiendo de los anteriores túmulos sepulcrales de los santos ascetas, cuyos cuerpos eran depositados directamente en la arena en posición de yoga y cubiertos simplemente con arena. Este túmulo estaba coronado por un *lingam*, símbolo del poder creador de Siva y nexo del mundo terrenal con el divino. Entre los monumentos budistas más antiguos de ese tipo, subsiste la gran stupa de Sanchi, en India, mandada construir por el rey de Mâlva a mediados del s. II a. C. Comprende un cuerpo en ladrillo con cúpula, que representa el agua, sobre el que se apoya un arca cuadrada, la *harmikâ*, que contiene las ofrendas de los fieles y representa la tierra. Sobre ésta, unos escalones, símbolo del fuego,

La gran *stûpa* de Sanchi, India. Sanchi fue un importante centro budista a partir del s. III a. C., cuando el emperador Asoka mandó erigir una stupa en ladrillo, recubierta en piedra un siglo después, de forma hemisférica, rodeada por una balaustrada (*vedika*), que es la transposición en piedra de una estructura anterior en madera. En el s. I a. C. (periodo sûngga) se le añadieron cuatro portales (*torana*), orientados a los cuatro puntos cardinales, con relieves de gran riqueza iconográfica. Una alta terraza (*medhi*) constituía el recorrido de las procesiones (*pradakshina patha*). Sobre la terraza, una *harmika* servía de depósito para ex votos. El conjunto estaba coronado por un *chattravala* constituido por tres "parasoles de honor".

Derecha: pagoda china de siete plantas, hoy denominada "La torre de la campana", 1348, Xian, Shaanxi, China.

llevan a un poste central coronado con tres parasoles honorarios, los *chattra*, símbolo del viento (el parasol era, a la sazón, en aquellos países, el símbolo de la realeza), coronados por el "símbolo-gemelo" que une sol y luna. En un momento posterior, todo ello fue rodeado por una alta balaustrada con cuatro puertas (*torana*), profusamente decorada con bajorrelieves.

Entre los grandes constructores de stupa se cuentan, en el s. III a. C., el rey Asoka, y en el s. I d. C. el rey Kaniska. De estos primeros monumentos derivaron, por un lado, el *shikhara* indio (en el que las paredes de la base estaban profusamente adornadas con bajorrelieves) y, por otro, la *pagoda* china. Esta última partió de las antiguas "torres de guardia" chinas y, de acuerdo con los ejemplos más antiguos (por ejemplo, la pagoda de los ánades salvajes de Changan, de 701 d. C.), tuvo la estructura de un edificio alto de planta central, con una sucesión de siete a quince tejados.

Para el budismo, la stupa es símbolo de la Vía de la Iluminación, de la miseria terrenal a la verdadera naturaleza del espíritu.

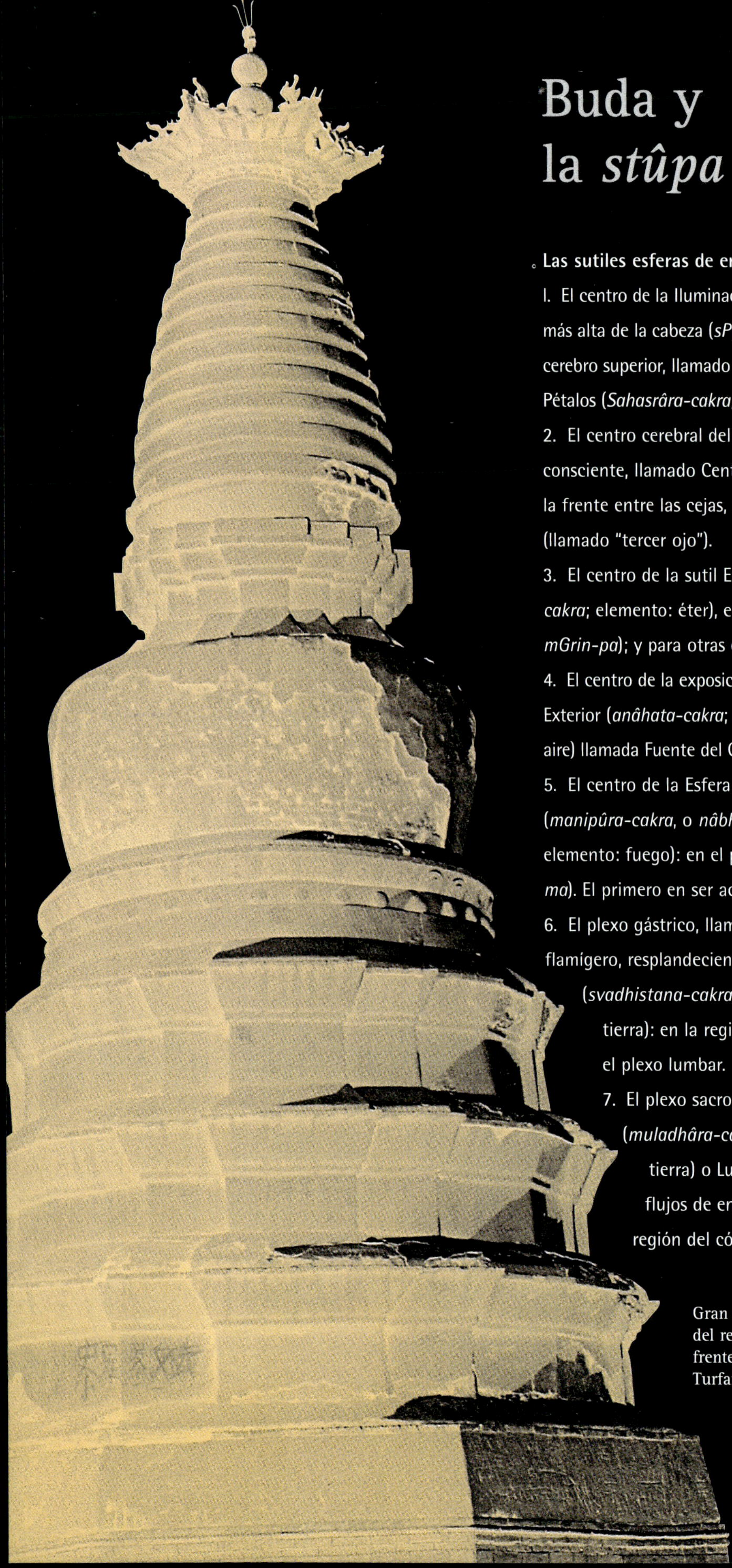

Buda y la *stûpa*

Las sutiles esferas de energía del cuerpo

1. El centro de la Iluminación: por encima de la parte más alta de la cabeza (*sPyi-bo*) o fuente encima del cerebro superior, llamado Esfera del Loto de los Mil Pétalos (*Sahasrâra-cakra; Pad-ma hDab-sTong*).

2. El centro cerebral del pensamiento y del poder-consciente, llamado Centro-de-Mando (*âjnâ-cakra)*: la frente entre las cejas, atribuido al centro-del-loto (llamado "tercer ojo").

3. El centro de la sutil Esfera del saber (*visuddha-cakra*; elemento: éter), en el rostro (*kantha-mûla; mGrin-pa*); y para otras corrientes, en la garganta.

4. El centro de la exposición conocedora o de la Voz Exterior (*anâhata-cakra*; color amarillo, elemento: aire) llamada Fuente del Corazón (*sNying-Kha*).

5. El centro de la Esfera emotiva de la Voz Interior (*manipûra-cakra*, o *nâbhi-cakra*; color gris, elemento: fuego): en el plexo solar (*Te-bahi Pad-ma*). El primero en ser activado.

6. El plexo gástrico, llamado "cerebro del vientre", flamígero, resplandeciente o Centro del Ombligo (*svadhistana-cakra*; color rojo, elemento: tierra): en la región lumbar y conectado con el plexo lumbar.

7. El plexo sacro, llamado Centro de la raíz (*muladhâra-cakra*; color rosa, elemento: tierra) o Lugar Secreto, raíz de los flujos de energía vital (*nâdis*): en la región del cóccix o sacro.

Gran stupa votiva del periodo del reino de los turcos uigur (744), frente a las grutas de Qianfodong, Turfan.

La analogía con el simbolismo de la **stûpa**

1. El principio de la Altísima Iluminación (*bindu; Thig-le*) o Lengua de Flama (*nâda; Thig-le*): ha de realizarse encima del doble símbolo que corona el Chörten.
2. El doble símbolo (*sûrya candra; Nyi-Zla*) del Sol y de la Luna Naciente (*Zla-Tshes*), emblema de la comprensión de la Dúplice-unidad: Verdad Absoluta (de la esfera espiritual) y Verdad Relativa (de la esfera terrenal).
3. Trece Parasoles estilizados (*chattra; gDugs*), símbolos de realeza y protección contra las fuerzas del mal, y trece Ruedas de la Doctrina. Simbolizan los trece estadios de la Iluminación, es decir, los diez primeros Pasajes de la Iluminación (*dasha-bhûmi; Byang-chub*).
4. Los tres niveles más altos del superconocimiento (*âvenika-smritypushthâna; Dran-pa Nye-bar bZhang-pa*), expresados por los tres elementos de la "fanega".
5. La cúpula (u olla), que corresponde al túmulo (*stûpa*) primordial, como Receptáculo de Reliquias o de ofrendas (*dhâtu-garbha; mChad-rten*); las antiguas stupas indias también se conocían como "huevo" (*anda*).
6. Los escalones que simbolizan la ascensión de la materia a la espiritualidad, de la oscuridad del egoísmo a la luz del conocimiento (*nara loca Mi-Yu*); el tesoro del libro: *glerma*.
7. El trono, es decir, la base (*parisanda: Bang-rim*), cuadrada y con cuatro escalones, con los lados orientados en las "cuatro direcciones"; es el símbolo del mundo fenoménico.

Las sutiles esferas-de-energía del cuerpo

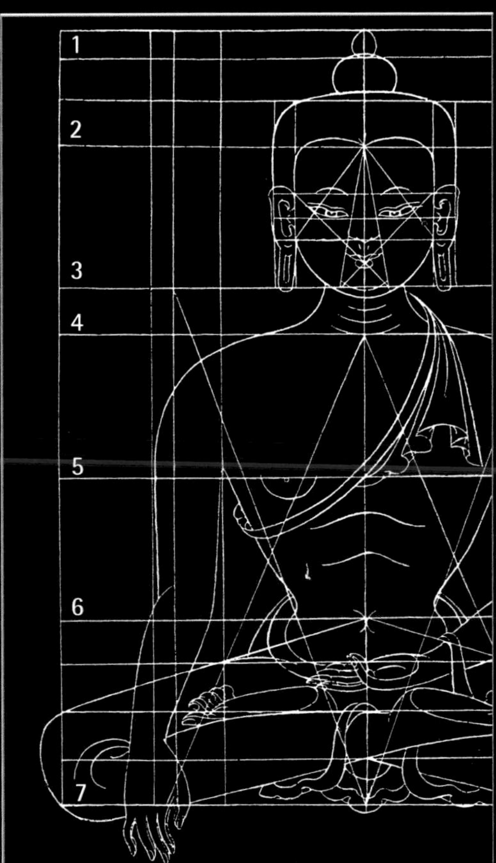

La analogía con el simbolismo de la stupa

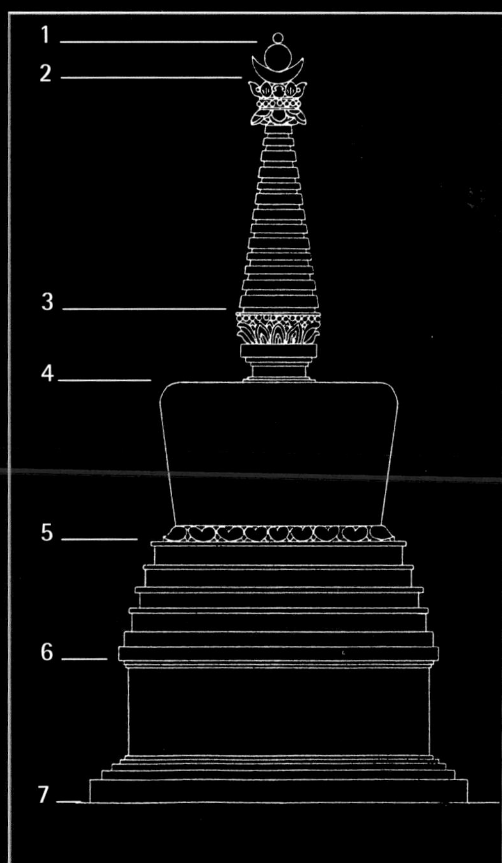

Stûpa aisladas o grupos de ellas –frecuentemente, de estructura campaniforme– fueron erigidas en los lugares sagrados y a lo largo de las rutas de peregrinación. En la codificación tibetana, aquéllos eran, por lo general, ocho (los ocho grandes *mahâcaitya*), símbolo de las ocho etapas más importantes de Buda: el primero (*kutam chörten*) está dedicado al nacimiento del Iluminado; el segundo (*labab chörten*) a su ascensión al cielo de los dioses; el tercero (*namgyal chörten*) simboliza el poder (precisamente de la diosa Namgyälma) de prolongar la vida; el cuarto (*chothül chörten*) recuerda las facultades que

permitieron a Buda luchar contra las fuerzas del mal cuando éstas querían impedirle alcanzar la Iluminación; el quinto (*dütütu chörten)* simboliza su victoria sobre esas fuerzas; el sexto (*jangchub chörten)* es el emblema de la victoria final, de la pureza, de la liberación última; el séptimo (*päpung chörten*) está dedicado al sermón de Buda relativo a los tres senderos que conducen a la liberación del espíritu; el octavo (*myangdä chörten*) está dedicado al momento en que Buda alcanza el Nirvâna. Sin embargo, la simbología no se detiene en estos simples datos: también las proporciones recuerdan el cuerpo entero de Buda y, al igual que se usa la proporcionalidad perfecta de la sección áurea en el arte escultórico de los primeros siglos (principalmente, en el de Gandhâra), las distintas partes de la stupa se han equiparado a las seis partes del cuerpo del Iluminado (centro de la luz o cerebro, centro cerebral o rostro, centro gutural o cuello, centro del fuego o plexo del corazón, centro del agua o plexo solar, y centro de la tierra o plexo sacro), o sea, examinando la stupa de arriba abajo: la corona que lo remata, el símbolo gemelo, los parasoles estilizados, los trece escalones, la cúpula, la base.

Página contigua, arriba: la *stûpa* de Gaochan (Turkestán chino), de época Tang (628–906). Esta stupa repite idealmente la situación del "Sermón de Benarés" (Varanâsi), con Buda en el centro y los cuatro discípulos en los cuatro ángulos.

Abajo: pequeñas stupa votivas del periodo del reino de los turcos uigur (744), frente a las grutas de Qianfodong. Turfan, Xinjang (China).

Escultura en forma de *stûpa*, arte mongol del s. XVIII. Ulan Bator, Museo de Bellas Artes, Mongolia.

Los signos del Budismo: el mandala

El término *mandala* procede del sánscrito *mandel*, disco, círculo, redondo, término difundido en toda Asia central. En Mongolia hay dos ciudades llamadas Mandel-Gobi y Mandel-Bulag; en Afganistán, la ciudad de Mandel fue antagonista de Herat; y en India, la costa este se llama Coromandel, término que también designa las valiosas lacas indias. Iconográficamente, un mandala es la representación bidimensional de un edificio sagrado. En el centro está dibujado el *kûtâgara*: el "santuario del soberano", que contiene la estatua del dios a quien está dedicado el mandala (el soberano del mandala: *mandalesha*); y si éste es uno de los cinco Buda trascendentes, los otros cuatro están situados a su alrededor. El santuario está rodeado por una o más galerías concéntricas, circulares o cuadradas, a menudo subdivididas en

Dibujo de un gran mandala visto de frente y, a la derecha, el mismo mandala creado con arenas coloreadas por los monjes para un rito tántrico en el sakya de Thimbu, Bhután. Los monjes tibetanos emplean varios meses en preparar un mandala con arena, y el rito suele durar bastantes días; luego se destruye la obra para subrayar el fundamento de la enseñanza budista sobre la "fugacidad de todas las cosas compuestas".

celdas en cuyo interior se disponen numerosas divinidades. Este conjunto está encerrado dentro de una cinta de muralla con cuatro puertas, abiertas a los cuatro puntos cardinales y custodiadas por divinidades feroces. Todo ello suele estar rodeado por un amplio círculo, que idealmente representa una esfera desde el momento en que a los cuatro puntos cardinales se les ha de añadir idealmente el nadir y el cénit. Este círculo está compuesto por tres franjas emblemáticas: la montaña de fuego, el cinturón de diamante, y el cinturón de pétalos de loto. Algunos mandala pueden incluir varias cintas de muralla, representadas en un gran murallón común. A veces los mandala presentan, en lugar de las figuras de las divinidades, sus nombres o sílabas-emblema correspondientes. Los soberanos del mandala suelen ser treinta y siete, y dan lugar a treinta y siete tipos principales de representaciones.

En un primer momento –aunque se sigue haciendo hoy–, los mandala se realizaban con arenas coloreadas y, tras la ceremonia correspondiente, se destruían. Servían para sesiones de meditación o

El mandala

“En los círculos mágicos o mandala se delimitan, en un ámbito profano, áreas mágicas en las que se puede hacer intervenir a todas las fuerzas del universo, propiciadas o subyugadas por el celebrante mediante la recitación de fórmulas mágicas.” (J. Filliozat, El budismo, *op. cit., pág. 594)*

El mandala

Mandala (del término *mandel*: círculo). En tibetano, *dKyl-´khor*. Representación simbólica de carácter místico-mágico –típica del budismo tibetano–, contenida dentro de un círculo que representa el universo. Se puede considerar la descripción plana de un templo con distintas divinidades (Tathâgata, Bodhisattva, y otras) en los puntos cardinales, puntos que se colorean así: Oeste, rojo; Sur, amarillo; Este, azul; y Norte, verde. Estos colores están distribuidos de forma que dividen el mandala en cuatro cuartos a modo de cruz de san Andrés. El Este (punto desde donde se comienza siempre la enumeración de las divinidades) está abajo, el Oeste arriba, el Sur a la derecha, y el Norte a la izquierda; en las esquinas (*kona*) se colocan idealmente los puntos colaterales, incluso cuando se trata de un círculo. En ellos se encuentran los "guardianes de las diez direcciones" (*dikpâla*); sudeste: Agneya; sudoeste:

Nairrtya; noroeste: Vâyavya; nordeste: Aisânya. En el centro se halla el santuario (*kûtâgâra)*, que recoge el *mandalesa*, es decir, la divinidad soberana evocada o la divinidad de la Rueda (*cakresa*). En su lugar también puede encontrarse una flor de loto, con la divinidad soberana en el centro y los acólitos en los pétalos (los más próximos suelen estar en los ocho pétalos que circundan el centro). El santuario está rodeado por una o varias galerías concéntricas (*pattikâ*), divididas a veces en habitaciones (*kosthaka*). El conjunto está encerrado en una cinta de muralla cuadrada (*prâkâra*), con cuatro puertas (*torana*), una por cada punto cardinal. Fuera de la muralla se disponen, en ocasiones, divinidades hindúes o abstracciones personificadas, o incluso los "ocho cementerios" (*smasâna).* Por último, todo ello se encuentra contenido en un círculo de protección (*raksacakra*) a imagen de la Rueda (*cakra*), aunque idealmente corresponde más a una esfera o a una peonza, con ocho rayos (*ara*) hacia los puntos cardinales y los puntos colaterales, más un rayo hacia el cénit y otro hacia el nadir sobre la

vertical del soberano del mandala. Existen treinta y seis tipos diferentes de mandala, además de un "gran mandala" (*mahamandala*), constituido por cinco o seis pequeños mandala rodeados por una única muralla. Otros mandala contienen no las representaciones, sino únicamente los símbolos de las divinidades a evocar o las "sílabas-germen" correspondientes (*bîja*). Los mandala con representaciones de las divinidades se denominan *kâya-mandala* (*mandala* de los cuerpos); los de las sílabas se llaman *ân-mandala (mandala* de la palabra); y los que llevan símbolos se llaman *citta-mandala (mandala* de la mente).

Página contigua: mandala de Sambara. Arte tibetano del s. XVI. París, Museo Guimet.

Arriba: mandala chino con el símbolo del *vishvavajra*, esculpido en el s. VII. Puerta pekinesa de la Gran Muralla.

Abajo: un ejemplo de interpretación contemporánea de la simbología del mandala: las cinco religiones principales, simbolizadas por *mántram*, convergen en el centro, en el símbolo del misticismo.

para ceremonias de iniciación. Durante la iniciación, el monje o laico neófito, guiado por su maestro, recorría con la mirada el diagrama para tomar conciencia de las divinidades y de sus posiciones, penetrar en los diversos recintos y, alcanzado el corazón del laberinto, unirse mentalmente con el valor-símbolo del soberano del mandala. En la meditación, los "lugares" eran igualmente recorridos con la mirada para compenetrarse con los significados trascendentes y esotéricos. Una búsqueda análoga, aunque más meditada, tiene lugar con los mandala pintados. También para éstos existe un esquema de base: en el centro de un cuadrado se sitúa el *kûtâgâra*, el santuario del soberano. Cuando el mandala se realiza con arena o se pinta, el cuadrado central se divide por medio de dos diagonales en cuatro partes con los siguientes colores: parte inferior, el Este, región feliz, de color azul; a la

Arriba: algunas de las 72 *stûpa* perforadas que componen la "Esfera de la No-Forma". Estas stupa representan los 72 elementos basilares, los "Dharma", que, agregándose entre sí, generan los 5 *skandha* (agregados) de los que se compone cada cuerpo humano. Bārābudur, Java, Indonesia.

Abajo: gráfico del conjunto de Bārābudur.

Página contigua: detalle de la franja de bajorrelieves decorados correspondiente a la Kâma-dhâtu o "Esfera del Deseo". Son escenas de vida cotidiana, donde Buda toma forma humana.

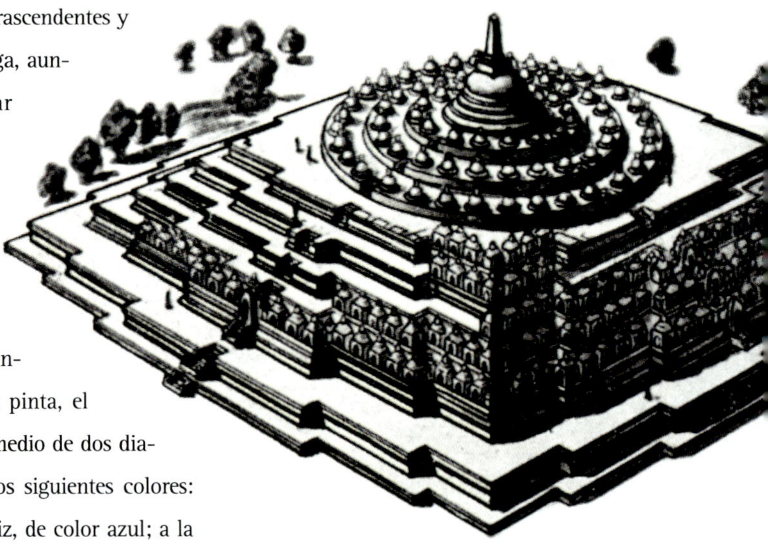

izquierda, el Sur, amarillo; arriba, el Oeste, rojo; y a la derecha, el Norte, verde. A menudo, además de las divinidades, se representan los siete tesoros del Soberano universal (la Rueda de la Doctrina, la joya de los deseos, la reina virtuosa, el ministro prudente, el elefante, el caballo de carreras y el general victorioso) o los ocho signos de buen augurio (el parasol, símbolo de realeza, los dos peces dorados, el vaso lustral, la flor de loto, la trompeta de caracol, el nudo de inmortalidad, la bandera redonda, la rueda).

Además de los mandala realizados con arenas coloreadas y de los mandala pintados, cabe citar también los grandes mandala constituidos por edificios arquitectónicos de vastas dimensiones, como el célebre Bārābudur, en Java (s. IX), el sKu-'bum de rGyal-rtse, en el sur de Tíbet (1427), y el lDum-Ice lha-khang en Bhután (*c.* 1433). Al observar estas construcciones no puede dejar de pensarse que el diagrama del mandala probablemente se originase a partir de las *stûpa* que contenían las reliquias de Buda, rodeados a menudo de construcciones votivas de dimensiones menores. En estos grandes edificios (cuyo ejemplo típico es el Bārābudur) los recorridos de meditación y de veneración se efectuaban realmente y mediante la imaginación.

El Bārābudur

Es un edificio budista monumental, en piedra, situado en el centro de Java, construido en torno a 800 a. C. durante el reinado de la dinastía Sailendra. El edificio recubre una vasta colina redonda, y tiene nueve pisos, uno de ellos subterráneo, sobre una amplia base cuadrada de 112 m de lado. A lo largo de los bordes de cada terraza se hallan colocadas pequeñas stupa campaniformes, setenta y dos en total, conteniendo una estatua cada una. Hay profusión de bajorrelieves –aproximadamente 1.300 recuadros– que ilustran escenas de jâkata, con abundancia de detalles y un espléndido modelado realista. El conjunto es la representación arquitectónica de un mandala en el que se entrecruzan simbologías cosmogónicas y dinásticas.

TÍBET, TIERRA DE IMÁGENES Y CÍRCULOS

La iconografía tibetana quizá sea la más plena, misteriosa, sugestiva y pintoresca de todo el vasto y complejo panteón budista. También es, sobre todo, el reflejo preciso, o la ilustración, de nociones religiosas y de conceptos filosóficos; en consecuencia, hasta el más mínimo detalle responde a las muy concretas y detalladas normas de la simbología canónica.

Sean los gestos, las dimensiones, los colores, o las actitudes, todo tiene un significado preciso, todo se realiza con escrupulosa fidelidad, todo tiende a transmitir el poder de la divinidad-símbolo. Antes que otra cosa se ha de considerar que cada figura-concepto se presenta como Conocimiento (*prâjña*), y entonces tiene aspecto femenino, y como Método (*upâya)*, teniendo entonces aspecto masculino. Por tanto, cada dios tiene su pareja.

Hay, además, una jerarquía canónica de la que deriva la iconometría de las figuras: cuando se representa un grupo de divinidades, cada una tiene sus propias dimensiones en estrecha relación con las demás. Y hay también dos grandes categorías tipológicas: personajes serenos y personajes feroces.

Son importantes las representaciones de los signos corporales de Buda, que se reconoce gracias a los treinta y dos signos mayores, *láksana*, y los ochenta menores, *anuvyanjana*. Después está la simbolización

Izquierda: un Árhat con sus ayudantes. Thangka tibetana, s. XIV. Los rostros, no típicamente tibetanos, recuerdan las pinturas chinas de los Song del sur o de los Yuan. La mano derecha empuña un bastón, compuesto por varias cañas de bambú atadas con cuerdas; la mano izquierda realiza el gesto de la enseñanza.

Página contigua, arriba: Vajrabhairava en Yab-Yum, Tíbet central, s. XVII. Aquí, esta divinidad protectora está en unión física con su prâjña. Él presenta cabezas y brazos múltiples, ella sólo tiene una cabeza y dos brazos. Ambos están en actitud beligerante. De sus nueve cabezas, sólo la más alta, Manjusri, es pacífica. Aun siendo de origen indio, esta divinidad se invoca durante las fiestas de año nuevo tanto por los sakyapa como por los nyingmapas, como fusión de rituales chamánicos y budistas.

Abajo: el Buda Maitreya, una de las encarnaciones futuras de Buda.

En el ritualismo mágico-religioso del budismo tántrico, los dos objetos principales son la campana (*ganthâ*) y el "rayo-diamante" (*vajra)*, que se encuentran presentes en todos los ritos esotéricos, a excepción de una pequeña zona cultural. A éstos hay que añadir el puñal-cetro de hoja dividida en tres partes, símbolo de los tres estados del Yo, llamado *phur-ba*.
A menudo, estos objetos están en la mano de las diferentes divinidades del panteón tibetano; al *vajra*, en particular, se conectan los dieciséis Vajra-bodhisattva, asociados, cuatro a cuatro, a los Jina periféricos; con

de la omnipotencia y de la omnipresencia del dios mediante la multiplicación de rostros, manos y pies; mediante los gestos; mediante los objetos que tiene en la mano; por medio de los pedestales en que se apoyan las figuras; mediante los nimbos y aureolas; por medio de los animales y los seres antropológicos que les acompañan; y mediante los eventuales medios de transporte, sean animales o carros.
Los dioses se distinguen, además, por sus distintas actitudes: en pie, sentados, echados, arrodillados, en vuelo; y por los distintos atributos, en particular objetos o animales. Brazos y manos van de dos a diez, y luego doce, dieciséis, dieciocho, veinticuatro, veintiséis, treinta y cuatro, mil. Otra característica que distingue las diferentes divinidades (o divinizaciones) son los peinados y, sobre todo, los colores. El repertorio completo de las divinidades asciende a casi novecientas cincuenta, de la A a la Z (sería más correcto decir de Acalâ (Mahakala), el inmóvil, protector de los mandala, de aspecto feroz, en colores o negro, o azul, raramente blanco, a las Yógini, magas, o hechiceras, o diosas satélites).

el término *Vajra* empiezan los nombres de otras veinticuatro divinidades menores, a las que se pueden añadir otras, más conocidas bajo nombres diferentes.

El término rayo-diamante (*vajra*) transmite poco el concepto sugerido por el nombre sánscrito: hay que añadirle la idea de luz, de calor purificador, de incorruptibilidad, de miembro viril. Para cada uno de estos valores, la escuela Vajra1yâna (Vehículo del Diamante) tiene distintas especificaciones esotéricas y ritos mistéricos. La forma del *vajra* tiene un aspecto especular: al centro están unidos dos extremos globulares perforados, constituidos por una rama central con entre cuatro y ocho ramas alrededor, sin que existan razones o simbologías particulares para estas diferenciaciones. Hay, además, un atributo constituido por dos *vajra* superpuestos en cruz, el denominado *vishvavajra*: rayo universal, o también *vajra* de doce puntas, que con sus cuatro extremidades amenaza los cuatro puntos cardinales. Puede presentar los cinco colores de los cinco Tathâgata, y caracteriza en particular, entre otras divinidades, a Amoghasiddhi.

La campana (*ghantâ* o *vajraghantâ*: campana adamantina, en tibetano *dzilbu*) puede ser simple o historiada, en cuyo caso presenta en el mango el rostro de una divinidad (*prâjña*), mientras que en el dorso lleva ocho sílabas que representan las ocho divinidades secundarias; y en las paredes, decoraciones y signos de augurio. También hay campanas cuyo mango tiene la misma tipología que el *vajra*. Cada campana tiene su badajo, pero suele tocarse deslizando lentamente por su borde, en sentido circular, una mano de mortero de madera.

Cuando *vajra* y *ghantâ* se ponen juntos, el *vajra* representa el método para alcanzar el Despertamiento, y el *ghantâ*, la sabiduría necesaria para llegar a semejante iluminación. Según la tradición tibetana, a los metales normales usados en la fundición de estos objetos se les añade hierro meteorítico.

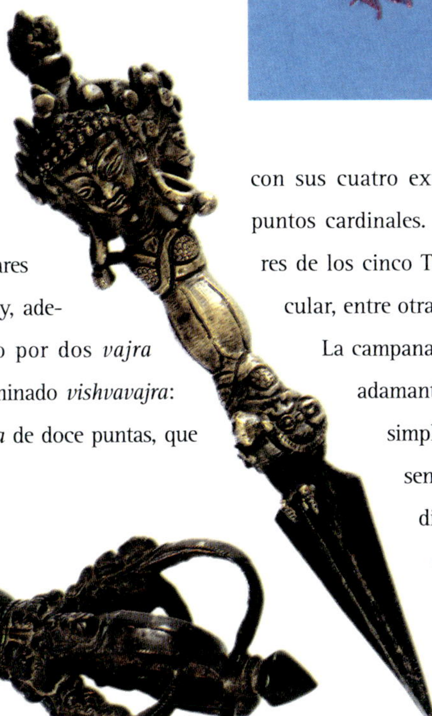

Página contigua: Dorjey Drolö en una de sus formas secretas. Se trata de una divinidad tibetana masculina, armada de *phur-ba* (puñal sacrificial) y *rDo-rje* (rayo), cabalgando un tigre. Thangka de la segunda mitad del s. XVIII. Tíbet oriental.

Arriba, a la derecha: pandero ceremonial de un lama rojo. Pothala, Lhasa, Tíbet.

Centro: *Phur-ba* tibetano; bronce del s. XV. Es un puñal de tres hojas, instrumento para derrotar a los demonios y para vencer el apego a las pasiones.

Abajo: el "rayo diamante" (*vajra*), *dorje* en tibetano. Bronce tibetano, fines del s. XVIII. Lhasa, Tíbet.

Los budistas, hoy

Europa, a pesar de estar abierta a otros continentes por un mar y un océano, estuvo hasta el s. XVIII cerrada a las ideologías religiosas que le eran ajenas. El primer reconocimiento de la equivalencia de valores fue anticipado, sobre todo, por Voltaire, y después por todos los ilustrados, pero no fue, en efecto, hasta el s. XIX cuando el budismo empezó a encontrar adhesiones, mayormente en dos corrientes: una, orientada al positivismo connatural a esta religión, y la otra basada en su profundo esoterismo. Sin embargo, también fue considerado como la religión del nihilismo, y como tal tuvo un ascendente considerable en las obras de Schopenhauer (*El mundo como voluntad y como representación*). Más aún, Schopenhauer preveía un "cambio radical de nuestra ciencia y nuestro pensamiento" debido a un conocimiento más profundo del budismo. En esta estela, la religión del Iluminado también influyó, en distinta medida, en Richard Wagner y Nietzsche.

Al acabar la Primera Guerra Mundial se estaba perfilando el hundimiento de la civilización occidental, que hoy cierra la era industrial y pone en marcha la de la informática; en consecuencia, se ampliaba el deseo de conocer el pensamiento de Buda. Hoy, este deseo es mucho mayor entre los jóvenes, y sería

Izquierda: ofrendas en el templo de Bangkok.

Página contigua: el Vat Para Keo de Bangkok. Erigido en 1767, imitando el estilo ayudhya, para guardar en él el Buda de esmeralda (Para Keo), estatua sustraída al rey de Laos y convertida, desde entonces, en el paladión de Siam (desde 1948, Thailandia). Detalle del corredor norte, con vista a la gran *stûpa* lateral.

ocioso enumerar las razones, harto válidas, de esta revolución ideológica. Sin embargo, ello no permite conocer los términos de esta "renovación" del budismo hoy día. Se puede constatar que, en el mundo occidental, los centros budistas, los de corriente tibetana en particular, han ido en aumento, y que también crece día a día el número de monjes tibetanos que se trasladan a Occidente en tareas de proselitismo. Se puede especular sobre el número de budistas en el mundo (Pequeño Vehículo, 35.000.000; Vehículo Tántrico, 3.000.000; Gran Vehículo, 40.000.000), pero son cifras absolutamente hipotéticas: las convulsiones políticas en Tíbet, en el sudeste asiático, y en

Indonesia, y la consolidación –aunque no pueda definirse– del comunismo chino (aunque, por otro lado, China no contaba con gran número de budistas), dificultan un cálculo positivo.

De todas formas, en China existe una activa "Asociación budista", dirigida por Zhao Puchu. En Sârnâth (Benarés), junto a los propios lugares donde predicó Buda, se encuentra hoy la estatua de Anagârika Dharmapâla, que, en 1891, fundó la Maha Body Society, una institución que asiste a los peregrinos en India y restaura los lugares sagrados del budismo. El T.Y.S. lama Gangchen ha fundado la *Peace Foundation*, que publica el "Peace Times".

En Italia se publica mensualmente "Occidente Buddhista", con interesantes temáticas, anuncios y calendarios de las distintas manifestaciones. Son tres ejemplos, entre los muchos posibles, que atestiguan la ininterrumpida continuidad del Verbo y de la Doctrina que todavía llegan a todas partes, dirigidos a todos, sin distinción de casta o color, como corresponde a toda gran religión que conduce al ser humano de lo ignoto a lo Ignoto a través de un camino de bondad, de paz y de luz.

Arriba: la estatua del rey-lama presidente del budismo hînayâna en Bangkok.

Abajo: reunión de jóvenes monjes budistas en Sri Lanka.

Así dijo

Aforismos y pensamientos de Buda

Del *Sutta-pítaka Digha-nikâya*

La vida terrena es breve; se muere antes de los cien años, y aunque alguno viva más, vive decrépito. Los hombres se afligen a causa del apego, puesto que no hay bienes duraderos. Mas, al igual que el hombre que, al despertarse, ya no ve los fantasmas del sueño, quien ha vencido al apego vive sereno.

Libraos absolutamente del mal y después libraos absolutamente del bien, como aquél que, alcanzada la otra orilla, abandona, inútil ya, la balsa que le sirvió.

Todo termina, todo no termina; todo existe, todo no existe.

Proceda el sabio vigilando sus propios sentidos y dominando sus propias facultades, firme en la Doctrina, hallando alegría en la rectitud, superando el apego, librándose de la ansiedad. Así no se contaminará por lo que pueda ver y oír, y así no le alcanzará la podredumbre del mundo.

Quien tiene la mente sana no compite con el mundo, ni lo condena. La meditación le hará saber que nada de este mundo es duradero, salvo los afanes del vivir.

Al igual que un rey se regocija pensando que es el único soberano entre miles de hombres, quien ha logrado el conocimiento gozará pensando ser el único dueño de su mente entre miles de hombres.

Cuando se presenta la ocasión, los amigos son gratos; divertirse es agradable, un buen trabajo es agradable. Mas en la hora de la muerte, la renuncia a la pena es aún más grata.

En el mundo, la condición de una madre es agradable; la condición de un padre es agradable; la condición de asceta es agradable; la condición de brahmán es agradable; es agradable la virtud que dura hasta la vejez; es agradable la fe que ha echado raíces firmes; es agradable la conquista de la inteligencia. Pero lo más agradable de todo es saber evitar el pecado.

Puesto que el odio jamás cesa con el odio, el odio cesará con el amor: he aquí una regla muy antigua.

Parece que no todos sepan que todos, aquí, hemos de llegar a un final; mas quienes lo saben cesan inmediatamente de combatirse.

Si un hombre habla o actúa con un mal pensamiento, a ello le seguirá un dolor para él, como la rueda que sigue el pie del buey que arrastra el carro. Si un hombre habla o actúa con un pensamiento puro, a ello le seguirá felicidad para él, como la sombra que nunca lo abandona.

"Él me ha maltratado, me ha golpeado, me ha derrotado, me ha robado". En aquellos en los que alientan estos pensamientos, el odio no cesará jamás.

Aquél que vive sin buscar placeres, controlando bien los sentidos, moderado en el alimento, fiel, fuerte, no será vencido por la tentación, del mismo modo que una montaña de roca no será abatida por el viento.

Quien desee vestir el manto amarillo de los monjes sin haberse purificado del pecado, sin observar la templanza y la verdad, mintiendo a veces, no es digno de él.

Quienes imaginan lo verdadero en lo falso y ven lo falso en lo verdadero nunca llegan a la felicidad, sino que persiguen deseos vanos.

Así como la lluvia penetra en la casa a través de un tejado mal construido, así penetrará la pasión en una mente que no sepa reflexionar.

Quien obra mal llora en este mundo y llorará en el mundo futuro. Llorará en ambos mundos y sufrirá viendo el mal resultado de su propia obra.

Quien obra bien será feliz en este mundo y en el otro, pues quien obra bien es feliz cuando piensa en el bien hecho y aún más porque camina por la recta vía.

El hombre irreflexivo, aunque conozca de memoria una parte de la Doctrina y la sepa recitar de memoria, no la posee, como el que cuenta las vacas de otros.

Quien sigue la Doctrina aunque no la conozca de memoria, pero abandona la pasión, el odio y la insensatez, posee el verdadero saber y la serenidad de la mente. Sin inquietud por las cosas de este mundo ni por las del mundo futuro, posee la verdadera serenidad.

No hay ya sufrimiento para quienes han realizado el viaje y abandonado el dolor, quienes se han liberado de todo y han arrojado las cadenas. Se comprometen, con todos sus pensamientos bien reunidos, y no se entretienen en su morada: como cisnes que han dejado su lago, abandonan su casa y el fuego de su hogar.

Es difícil entender cuál es el recorrido de quienes carecen de riquezas, se alimentan frugalmente y han conseguido el vacío y la libertad sin condiciones, como también es difícil entender qué camino recorren los pájaros en el aire.

Es como un lago sin fango aquél cuyos sentidos han sido domados como caballos bien frenados por el jinete; el que está libre de orgullo, de deseos, cumple con su deber y es acogedor como la tierra o como un umbral. Para él no hay reservados nuevos nacimientos.

Aquél cuyo pensamiento es tranquilo, y son tranquilas sus palabras y sus actos, ha logrado la libertad por medio del conocimiento y se ha convertido en un hombre de paz.

El hombre libre de la incredulidad, que conoce lo que no ha sido creado, que ha cortado todos los vínculos, alejado todas las tentaciones, y renunciado a todos los deseos, es el más grande de todos los hombres.

En una casucha o en el bosque, en el mar o en tierra firme, dondequiera que vivan personas venerables, he ahí un lugar de dicha.

Tras haber contemplado los huesos grises arrojados como las calabazas en otoño, ¿qué placer queda ya en la vida? Tras haber hecho con los huesos una fortaleza, ésta se recubre con carne y sangre, y en ella habitan la vejez y la muerte, el orgullo y el engaño.

Los carros del rey, por relucientes que sean, son destruidos. También el cuerpo se acerca a la destrucción, mas la virtud de la gente buena no será destruida nunca.

No es viejo un hombre cuando tiene los cabellos grises, sino que, en la edad madura, se le llama viejo si ha envejecido en vano.

En el más alto de los cielos etéreos, en el "Cielo cuya existencia está más allá de toda imaginación", donde se vive una vida de muchos millones de siglos, también allí hay un término para la existencia, también allí arriba se muere.

He revelado la ciencia que destruye las raíces de la vida y de la muerte. Después de mí, esta ciencia no morirá conmigo, sino que seguirá perenne en el pensamiento y, exteriormente, en la práctica del justo obrar y el recto entender.

Respete el hombre de bien a los ancianos, no tenga celos de ellos; busque oportunamente a los maestros, sepa qué comportamiento ha de tener y cómo debe moverse en su presencia. Escuche con respeto las palabras sabias.

Halle el hombre de bien deleite en la cultura, goce del saber, manténgase firme en la Doctrina, tenga comprensión justa de la ciencia, no pronuncie

palabras irreverentes hacia la Doctrina, mas compórtese, expresándose con palabras justas y razonables. Abandone la jovialidad, el deseo, los lamentos, el odio, la falsedad, la hipocresía, la codicia y la vanidad, la ira, la brusquedad, los vicios fundamentales, y el engreimiento.

Acuda el hombre de bien a los maestros en el momento debido, tras haber depuesto toda arrogancia. Dirija la mente a lo que es útil, al saber, al autodominio, a la condición de pureza perfecta. Ponga en práctica estas cosas.

El hombre de bien ha de comportarse sin arrogancia y tener firme el ánimo. Alcanzará la excelencia en el pensamiento y la acción, será constante en la calma, en la benevolencia, en la concentración. Llegará a la perfección en el saber y el conocimiento.

Mucha infelicidad se deriva de la maldad y de las necias ofensas cometidas sólo por complacer la vanidad y el orgullo personal.

Si un hombre estúpido me hace mal, le daré a cambio la protección de mi amor sin resentimiento; cuanto más mal me venga de él, más amor irá de mí hacia él. La fragancia de la bondad siempre volverá a mí y el aire nocivo del mal le irá siempre a él.

Al igual que el eco pertenece al sonido y la sombra a la sustancia, la infelicidad recae siempre sobre el que obra mal.

Un hombre malvado que reprocha a un hombre virtuoso es como el que mira hacia arriba y escupe contra el cielo: el esputo no manchará el cielo, sino que caerá y ensuciará al malvado.

Al igual que los frutos maduros están a punto de caer, los muertos, una vez renacidos, están siempre a punto de morir.

Así como las vasijas de barro tienen continuamente la posibilidad de romperse, la vida de los hombres está en continuo peligro de muerte.

Jóvenes y viejos, sabios o ignorantes, todos están sujetos a la muerte. Superados por la muerte, ni un padre puede salvar al hijo ni los parientes a sus propios parientes.

La paz de la mente no se logra ni con el placer ni con el lamento. Al contrario: persiguiendo los placeres o atormentándose con el lamento seremos presa de un dolor más grande y el cuerpo sufrirá aún más.

Por mucho que un enfermo se lamente y llore por su dolor, no por esos lamentos se salvará de la muerte.

El que ha quebrado la flecha del dolor y está sereno logrará la paz dc la mente. Quien ha sido capaz de superar y vencer el dolor estará libre de todo dolor.

La mayor felicidad que un hombre mortal pueda imaginar es el vínculo del matrimonio, que une juntos dos cuerpos que se aman. Mas hay una felicidad todavía más grande: es el abrazo con la Verdad. La muerte separa marido y mujer, pero la muerte no tendrá jamás poder sobre quien ha desposado la Verdad.

Si alguien me censura a mí, o a la Doctrina, o a la comunidad, intentad discernir lo que es falso y reconocerlo como falso. Si alguien me alaba, o alaba la Doctrina, o alaba a la comunidad, no sintáis alegría ni exaltación ni goce alguno, pues el estar por ello felices, exaltados o contentos será para vosotros un obstáculo.

En verdad es del todo insignificante, mínimo, de orden puramente moral el elogio que me pueda dirigir un hombre corriente, y vosotros consideradlo como insignificante, mínimo y puramente moral.

El budista evita destruir a los seres vivos, ha depuesto el bastón, ha depuesto la espada, es modesto, compasivo; vive preocupándose por hacer el bien a todos los seres vivos.

El budista evita tomar aquello que no le es dado, sólo tiene lo que le es dado, vive con el alma purificada, ignora el futuro.

El budista hace una sola comida; ayuna a la noche, se abstiene de comer fuera de la hora fijada. No participa en espectáculos nocivos, en la danza, en el canto, en la música. No lleva adornos ni peinados, no se pone guirnaldas, perfumes ni ungüentos. No tiene lechos blandos y grandes, no acepta oro o dinero.

El budista no lleva ni envía mensajes, no compra y no vende, no engaña en el peso, con el dinero, con la medida. No se da a intrigas, no corrompe, no engaña, no estafa. No hiere, no mata, no encarcela, no está con los bribones, no saquea, no realiza actos de violencia.

Vendrá un día en que este mundo, tras un larguísimo periodo, se aniquilará. Cuando se aniquile, los seres llegarán a un estado esplendoroso. En ese estado serán puro espíritu, alimentados de alegría, luminosos, se moverán en el espacio y, en la gloria, durarán así un largo, largo periodo.

Después que hayamos reconocido adecuadamente la formación y la disolución de las percepciones, su sabor, sus fechorías, y cuando,

al fin, hayamos reconocido la forma de escapar a ellas, seremos incondicionalmente libres.

Puede también suceder que un religioso, un brahmán, gracias a su ardor, a su energía, a su aplicación, a la vigilancia, a la perfecta atención del espíritu, alcance tal concentración del pensamiento que logre, aun viviendo en el mundo, comprender, como nosotros los monjes comprendemos, que el mundo es infinito.

Este mundo es infinito, sin límites. ¿Por qué razón? Yo, gracias a mi ardor, a mi energía, a mi aplicación, a mi vigilancia, a la perfecta atención del espíritu, he alcanzado tal concentración del pensamiento que, habiendo concentrado mi pensamiento, yo mismo he visto el mundo con el conocimiento de que el mundo es infinito. Por esto sé que el mundo es infinito, sin límites.

Hay temas profundos, difíciles de entender, difíciles de ver, serenos, elevados, inaccesibles al razonamiento, sutiles, comprensibles sólo para los sabios. Son aquellos que os comunico cuando me los represento gracias a mi conocimiento superior, y para los que, con justicia, se puede elaborar un elogio verdadero en mi honor.

Del *Pequeño sûtra del príncipe Hetinandros:*

Así como ninguno de nosotros nace vestido, tampoco ninguno de nosotros nace preparado para soportar la vida; pero nuestro ánimo debe investirse de comprensión por las imperfecciones de la vida, por sus vicisitudes naturales, por las adversidades, y por los duelos.

Tres son las raíces de la vida: lo que está en nosotros, lo que está fuera de nosotros y lo que está por encima de nosotros. El respeto por las tres vías, el cumplimiento de los deberes para con estas vías, la devoción por la belleza de estas tres raíces nos permiten hacer crecer fecundo el árbol de nuestra vida.

Del *Brahmajâlasuttam Pathamam:*

Hay religiosos que afirman la eternidad, proclaman que el Sí y el mundo son eternos, y ello bajo cuatro formas. Es la experiencia de gente que no sabe, que no ve; es la excitación y la agitación de gente presa de la sed de ser.

Hay religiosos que practican el arte de esquivar cualquier pregunta que se les haga, como las anguilas, hablan de forma vaga, y ello bajo cuatro formas.

Es la experiencia de gente que no sabe, que no ve; es la excitación y la agitación de gente presa de la sed de ser.

Hay religiosos que se ocupan de las primeras épocas, especulan sobre las primeras épocas, enuncian dogmas correspondientes a las primeras épocas, dogmas que proponen en diversas formas, y ello en dieciocho capítulos. Es la experiencia de gente que no sabe, que no ve, es la excitación y la agitación de gente presa de la sed de ser.

Hay religiosos que afirman la existencia de un Sí consciente tras la destrucción del cuerpo, proclaman precisamente la supervivencia del alma tras la destrucción del cuerpo, y ello en dieciséis párrafos. Es la experiencia de gente que no sabe, que no ve, es la excitación y la agitación de gente presa de la sed de ser.

Hay religiosos que predican un Sí no consciente tras la destrucción del cuerpo, y ello bajo ocho formas. Es la experiencia de gente que no sabe, que no ve, es la excitación y la agitación de gente presa de la sed de ser.

Hay religiosos que, postulando las épocas que vendrán, especulan sobre estas épocas y en relación a ellas enuncian dogmas que proponen en diversos modos, en cuarenta y cuatro formas. Es la experiencia de gente que no sabe, que no ve, es la excitación y la agitación de gente presa de la sed de ser.

Un pescador hábil, o incluso un pescador en sus primeros intentos, echa en un pequeño estanque una red de mallas cerradas, diciéndose: "Sea cual sea el tamaño de los peces de este estanque, todos quedarán presos en la red". Y cuando los peces están presos, más se debaten y más se enredan en la red. Igual los religiosos que especulan sobre las primeras épocas, o sobre las épocas por venir, o sobre todos sus temas, sin saber, sin ver, presa de la sed de ser, más se debaten y más se enredan en la red de sus palabras.

Así como todos los mangos sujetos a una rama siguen la suerte de la rama si ésta se rompe, así mi cuerpo ha quebrado todo lo que conduce al renacimiento. Mientras mi cuerpo dure, todos lo podrán ver. Cuando muera tras haber consumido toda su vida, nadie lo verá más.

Del *Sâmannaphalasuttam Dutiyam:*

El monje se considera plenamente satisfecho con una túnica que le cubra el cuerpo, con una escudilla para las limosnas que le sustenten el vientre. Donde quiera que vaya, está bien con todos. Así como el pájaro, vaya donde vaya, vuela con todas sus plumas, el monje con la túnica y la escudilla para las limosnas va por todas partes con todos sus bienes. Por eso el monje está plenamente satisfecho.

El monje se ha despojado del deseo del mundo, vive con el ánimo libre de deseo, y purifica del todo su pensamiento del deseo. Se ha liberado de la maldad y de la corrupción, vive con pensamientos carentes de maldad, deseoso de hacer el bien a todos los seres vivos. Se ha librado de la pereza

y la negligencia. Tiene la visión de la luz, consciente de sí, comprensivo. Purifica del todo su pensamiento, vive sin inquietud, internamente en paz, librado de la duda, sin incertidumbre, en contacto con las cosas buenas.

Provisto de ese noble tesoro que es la moral –noble defensa contra las dificultades– de la noble conciencia del sí, de la comprensión, de la satisfacción absoluta, el monje elige una morada apartada, en soledad, al pie de un árbol, de una montaña, de una pared abrupta, o una gruta, un cementerio, un bosquecillo, un terreno descubierto, un almiar. Allí se sienta tras la comida, cuando vuelve de recoger limosnas, cruza las piernas, mantiene el cuerpo erguido y despierta la conciencia de Sí.

El monje se ha librado del deseo del mundo, vive con el ánimo libre de deseo, purifica su pensamiento de todo deseo. Se ha librado de la maldad y la corrupción, se preocupa de hacer el bien a todos los seres vivos, libre de pereza y molicie. Adquirido el conocimiento de la luz, es consciente del Sí, comprensivo. Se ha despojado de inquietudes y remordimientos, de dudas, de incertidumbres.

El monje vive un sentimiento de gozo y de bienestar, como quien, habiendo contraído una deuda y colocado el dinero en una empresa, ve prosperar esta empresa de forma que puede pagar la deuda, conservar una ganancia y hacer regalos a su mujer, y experimenta por ello un sentimiento de gozo y bienestar por haber ganado y haber pagado la deuda.

El monje vive un sentimiento de gozo y de bienestar como aquél que, indispuesto, sufriente, gravemente enfermo hasta el punto que el alimento ya no le dice nada y con el cuerpo sin fuerzas, se libra finalmente de la indisposición y, con un sentimiento de gozo y bienestar exclama: "Estaba enfermo, y mi cuerpo ha recuperado sus fuerzas".

El monje vive un sentimiento de gozo y de bienestar, como el que, detenido en la cárcel, al cabo de cierto tiempo fuese puesto en libertad, sano y salvo, recuperando sus bienes, y experimentando por ello un sentimiento de gozo y bienestar.

El monje vive un sentimiento de gozo y de bienestar como el esclavo que, no pudiendo disponer de sí mismo, no pudiendo ir donde quiere, tras un cierto tiempo es librado de esa esclavitud, y experimenta un sentimiento de gozo y bienestar.

El monje vive un sentimiento de gozo y de bienestar en la misma medida que aquel rico que, debiendo atravesar con sus bienes una selva donde hay miseria y peligro, apenas la ha atravesado indemne experimenta un sentimiento de gozo y bienestar. El monje que se ha librado de los cinco obstáculos experimenta en sí el gozo: del gozo nace la alegría; y cuando está alegre su cuerpo se calma; y cuando su cuerpo se calma siente bienestar, y cuando siente bienestar, su pensamiento se concentra. Se disocia de los deseos, de la maldad, accede al primer estadio de la meditación, nacida de la disociación, que comporta razonamiento y reflexión decisiva, bienestar y alegría. Él inunda entonces todo su cuerpo con este bienestar.

El monje que ha puesto fin al razonamiento y a la reflexión decisiva accede al segundo estadio de la meditación que, habiendo calmado el interior y condensado el pensamiento, excluye razonamiento y reflexión decisiva y que, naciendo de la meditación, trae alegría y bienestar. Él inunda entonces todo su cuerpo con este bienestar.

El monje, alcanzado el bienestar, se distancia del bienestar y vive indiferente, consciente, comprensivo, experimentando en el cuerpo la serenidad. Los nobles lo llaman entonces el indiferente, el sabio, el que vive bien. Así llega al tercer estadio de la meditación y se deja inundar del todo por ese bienestar, sin alegría.

Cuando un monje se libra de la felicidad y del sufrimiento, cuando ha abolido el bienestar y el malestar interiores, en ausencia de felicidad y sufrimiento, purificado en todo por la indiferencia y el conocimiento del Sí, accede y habita en el cuarto estadio de la meditación, sentado, impregnado de un pensamiento purísimo, purificado del todo, y alcanza un estado de entre los más hermosos y sublimes.

Cuando el pensamiento del monje está completamente absorto, completamente puro, mondo, sin mancha, ágil, pronto a actuar, él lo orienta hacia la visión del Conocimiento. Sabe entonces que su cuerpo, que tiene una forma, compuesto de cuatro elementos, procreado por un padre y una madre, es un puñado de arroz hervido y de sémola, algo no permanente, que por decreto se consume, se aplasta, se rompe, se derrumba, y, sin embargo, su conocimiento, que es suyo, está apegado a él, encadenado.

Cuando el pensamiento del monje está absorto, puro, mondo, inmaculado, ágil, activo, estable, impasible, puede volverse y orientarse hacia la concepción del principio espiritual. Entonces, de su cuerpo se produce otro cuerpo, que tiene forma espiritual, con todas las facultades intactas: igual que de la funda de la espada se extrae la espada, conscientes de lo que es la funda y de lo que es la espada.

Cuando el pensamiento del monje está absorto, puro, mondo, inmaculado, ágil, activo, estable, impasible, puede volverse y orientarse hacia la concepción de poderes maravillosos, que él advierte en sí mismo. Siendo uno se convierte en muchos, multiplicado se convierte en uno; se hace visible e invisible, atraviesa las paredes y los bastiones, o las montañas sin dificultad alguna

como si fuese aire libre; se sumerge en la tierra o en el agua y vuelve a emerger; anda sobre las aguas, vuela por el aire en posición sedente con la misma capacidad que tiene un pájaro para volar con sus alas, toma con la mano y toca la luna y el sol –estos dos seres maravillosos y fascinantes– y con su cuerpo extiende su voluntad hasta el mundo del brahmán.

Cuando el pensamiento del monje está absorto, puro, mondo, inmaculado, ágil, activo, estable, impasible, puede dar impulso a su pensamiento y orientarlo hacia el plano del oído celestial, que trasciende el oído humano, y puede oír los dos sonidos humanos y divinos, éstos lejanos, aquéllos próximos. Puede dar impulso a su pensamiento y orientarlo hacia la penetración en el pensamiento de otros. Puede orientarlo hacia el conocimiento de los recuerdos de las vidas anteriores; puede orientarlo hacia el conocimiento de la muerte y del renacimiento de todos los seres; u orientarlo hacia el conocimiento y el fin del Mal, y todo ello es el fruto sublime del estado del monje.

¿Cómo son las distintas estancias en las vidas anteriores? Es como uno que va de su pueblo a otro, y luego de éste a otro aún, y después desde aquél vuelve a su pueblo. Dice: "He ido de mi pueblo a aquél, y allí he estado, me he sentado, he hablado y he permanecido en silencio, de esta y de esta otra manera; y luego, desde ese pueblo he ido a otro, y luego a otro más, desde el que he vuelto a mi pueblo".

Los que tienen una mala práctica de su cuerpo, de su palabra, del espíritu, que insultan a los justos, que son falsos y actúan en consecuencia, tras la muerte, cuando su cuerpo se escinda, renacerán a un mal camino, para la decadencia, la ruina y el sufrimiento.

Los que tienen una buena práctica del cuerpo, de la palabra, del espíritu, que no insultan a los justos, y que tienen una mirada limpia y actúan en consecuencia, tras la muerte, cuando su cuerpo se escinda, renacerán en el buen camino, para el mundo del cielo. Así, el monje que ha alcanzado la visión celestial, purificado, trascendiendo lo humano ve a los seres que pierden la existencia y que renacen, reconoce a los seres bajos y a los elevados, bellos o feos, felices o infelices, según los actos que realizan.

Para aquél que posee saber y virtud, la palabra "casta" ya no existe, la palabra "familia" ya no existe, la palabra "orgullo" ya no existe. No dice: "Tú vales tanto como yo", o, "Tú no vales tanto como yo". Todos aquellos que no están apegados a la casta, a la familia, al orgullo, a la realización de matrimonios adecuados, han logrado la posesión incomparable: el saber y la virtud.

Del *Ambaththasuttam tatiyam:*

La gente se da al placer, está encantada por el placer, se complace en el placer. Los seres que se comportan así, comprenden poco la ley de la condición o la dependencia originaria de todas las cosas. Del mismo modo, será incomprensible para ellos el fin de todas las formaciones, el abandono de toda causa de renacimiento, la desaparición del deseo, el desapego, la cesación, el Aniquilamiento [*Nibbâna* o *Nirvâna*].

¿Qué es la agregación de la forma corporal? Son los cuatro elementos primordiales y la forma corporal que deriva de ellos; y los cuatro elementos primordiales son el elemento sólido, el elemento fluido, el elemento del calor, y el elemento de la vibración.

Aunque un hombre posea ojos, y aunque sus ojos estén intactos, si ninguna forma exterior entra en su campo de visión y no tiene lugar ninguna coincidencia temporal, no se produce ninguna agregación que corresponda al aspecto consciente. Por eso digo: el despertar de la conciencia depende de ciertas condiciones, y sin estas condiciones ninguna conciencia se despierta.

Según las condiciones que se pueden producir, y sin las cuales ningún conocimiento se despierta, estas condiciones pueden definirse así: Conocimiento del ojo, cuyo despertar depende de la vista y de las formas; conocimiento de la oreja, cuyo despertar depende del oído y de los sonidos; conocimiento del olfato, cuyo despertar depende de lo olido y de los olores; conocimiento de la lengua, cuyo despertar depende del gusto y de los sabores; conocimiento del cuerpo, cuyo despertar depende de los cuerpos y del contacto; conocimiento del espíritu, cuyo despertar depende del espíritu y de las ideas.

Del *Dîgha-nikâya:*

El dolor que procede de esta o de aquella pérdida o desventura que nos toca soportar, el tormento, la aprensión, el disgusto secreto, la desolación secreta: he ahí lo que se llama sufrimiento.

Todo aquello que, a causa de una u otra pérdida, o desventura que nos afecta, produce gemidos y sufrimiento y un estado miserable y desolado: he ahí lo que se llama lamento.

La pena física desagradable, la sensación penosa y desagradable producidas por un contacto físico: he ahí lo que se llama dolor.

El dolor mental, que es desagradable, la sensación dolorosa y desagradable producida por un contacto mental: he ahí lo que se llama pena.

El envilecimiento y la angustia que surgen de una u otra pérdida o infortunio que te afecta: he ahí lo que se llama desesperación.

Los seres sometidos a los nacimientos dicen: "¡Oh, si pudiésemos no estar sometidos a los nuevos nacimientos!". Estando sujetos a la vejez, a la enfermedad, a la muerte, al sufrimiento, al lamento, al dolor, a la pena,

a la desesperación, esperan poder librarse; mas ello no se obtiene sólo con la esperanza, y no obtener aquello que se desea es sufrimiento.

Las cinco agregaciones ligadas al apego son la forma corporal, la sensación, la percepción, las formas mentales y la conciencia.

Del *Samyutta-nikâya:*

Toda forma material, sea la propia o una externa, grosera o sutil, alta o baja, lejana o próxima, pertenece a la agregación de la forma corporal ligada al apego.

¿Qué creéis que es más grande, la oleada de lágrimas que habéis derramado en vuestro largo camino mientras os apresurábais por la ronda de los renacimientos, unidos a lo que no deseábais, separados de lo que deseábais, o las aguas de cuatro océanos?

Durante un largo periodo habéis sufrido por la muerte del padre, o de la madre, o de hijos, o de hijas, o de hermanos, o de hermanas. Y mientras sufríais así, decidme con toda sinceridad, ¿nunca os habéis dado cuenta de que, en este largo periodo, habéis derramado más lágrimas que agua contienen los cuatro océanos?

¿Qué creéis que es más abundante, la oleada de sangre que vuestro cuerpo mutilado ha derramado durante todo el recorrido de la vida, o las aguas de los cuatro océanos? En verdad, el número de vosotros que, sorprendidos como ladrones, o vagabundos, o adúlteros, han derramado su propia sangre a lo largo de todo el recorrido de los numerosos renacimientos es tan grande que toda esta sangre derramada es mucha más que las aguas que contienen los cuatro océanos.

No es identificable el inicio de la transmigración continua, imposible descubrir el origen de ese camino en el que los seres, cegados por la ignorancia, cautivos en la trampa del deseo, se han precipitado en masa poniendo en marcha la rueda de los renacimientos. Y así, época tras época, habéis padecido sufrimientos y tormentos y desventuras, habéis llenado cementerios y cementerios, suficiente tiempo en verdad para haberos cansado de toda forma de existencia, suficiente tiempo para que os alejéis de todo ello, por fin, y os liberéis.

Toda sensación pertenece a la agregación de la sensación. Toda percepción pertenece a la agregación de la percepción. Toda formación mental pertenece a la agregación de la formación mental. Toda conciencia pertenece a la agregación de la conciencia.

Todas las agregaciones son transitorias, todas las agregaciones están sujetas al sufrimiento, todas las agregaciones son entidades con un ego. La forma es transitoria, la sensación es transitoria, la percepción es transitoria, los agregados mentales son transitorios, la conciencia es transitoria, y todo lo que es transitorio está sujeto al sufrimiento, al cambio perpetuo, y por ello no puede decirse con justeza: "Bien, esto me pertenece, yo soy esto, esto es mi yo".

Pensad en un hombre que pueda contemplar todas las espumas del Ganges en su curso, y que las observe con atención. Tras haberlas observado con atención le parecerán vacías, irreales y sin sustancia. Del mismo modo, el monje contempla las formas, las sensaciones, las percepciones, los agregados mentales y los estados de conciencia, sean del pasado, del presente o de un futuro próximo o lejano. Los observa, los examina atentamente y, tras haberlos examinado atentamente, le parecen vacíos, sin ego, la nada.

Quien se complace en una forma corporal, en sensaciones, en percepciones, o en agregados mentales o de la conciencia, se complace en el sufrimiento, y quien se complace en el sufrimiento, nunca se librará de él.

¿Qué deleite, qué felicidad podrá haber nunca en un lugar donde todo se ha incendiado? ¿Envuelto en las tinieblas, buscas quizá una luz? Observa este fantoche, este amasijo repugnante, malsano, lleno de deseo, en el que nada está destinado a durar. La forma es frágil, es un nido de enfermedades y de podredumbre: un cuerpo se corrompe dentro de un plazo dado, y la muerte es el fin de la vida.

Del *Angúttara-nikâya:*

¿Habéis visto, en este bajo mundo, un hombre o una mujer de ochenta, noventa o cien años, frágiles, doblados como las vigas angulares de un tejado, inclinados hacia el suelo, apoyados en un bastón, caminando con pasos inciertos, enfermos, la juventud barrida por el tiempo, desdentados, sin cabello o con pelo escaso, arrugados y con los miembros sarmentosos? ¿No os ha asaltado el pensamiento de que vosotros también estáis sujetos a la decrepitud y que no podréis escapar a ella?

¿Habéis visto, en este bajo mundo, un hombre o una mujer enfermos, afligidos, lastimosamente apaleados, que yacen entre sus propios excrementos, incapaces de alzarse sin la ayuda de otros, llevados al lecho por otros? ¿No habéis pensado que también vosotros estáis sujetos a las enfermedades, y que no os podréis sustraer a ellas?

¿Habéis visto, en este bajo mundo, el cadáver de un hombre o de una mujer, dos o tres días después de su muerte, hinchado, descompuesto, corrupto? ¿No se os ha pasado por el pensamiento que también vosotros estáis sujetos a la muerte, y que nunca podréis eludirla?

TEXTOS DE BUDA Y DEL BUDISMO: UN OCÉANO DE PÁGINAS

Al igual que de la figura de Buda se multiplicaron sin fin las imágenes divinas, de los sermones que pronunció surgió una literatura vastísima. Comentaristas, ensayistas y divulgadores trazaron la biografía del Sakyamuni (el santo de la estirpe de los sâkya) Buda, explicaron sus teorías, y narraron la historia y los desarrollos del budismo. También en Europa surgieron numerosos centros budistas con publicaciones periódicas. No es equivocado afirmar –aun teniendo en cuenta que el papel y la imprenta se difundieron en China desde el siglo primero después de Cristo– que, por la fe budista o sobre la fe budista, se han escrito más palabras que por cualquier otro tema, y ello durante un periodo que cubre ininterrumpidamente casi dos mil años.

Veamos tres momentos significativos.

El libro impreso más antiguo del que nos ha llegado una copia íntegra es una versión en chino del *Sûtra de Diamante*, del s. IX: una larga serie de xilografías tabelladas impresas por una sola cara. Se conserva en el British Museum de Londres.

En el mismo siglo, la Universidad budista de Nalanda (adonde acudían cada año 8.500 estudiantes y 1.500 maestros, y donde cada día se daban cien lecciones) conservaba en su biblioteca, definida como "la más rica del mundo", una copia de cada lección.

En 1905, R. J. Jackson y J. R. Pain abrieron en Londres la primera librería europea dedicada exclusivamente a la literatura budista en lengua inglesa.

El origen común de todos los textos fue el *Canon* en lengua pâli, redactado entre el primero y el segundo Concilio. Dicho canon se divide en tres partes (*Tipítaka*: tres *pítaka*, término que significa cesta, caja, granero, compilación de escritos): el *Sutta-pítaka (Cesta de los sûtra)*, o conjunto de los sermones, dividido en cinco volúmenes, con mas de cuatro mil sûtra; el *Vínaya-pítaka (Cesta de la Disciplina)*, que contiene las reglas de la Orden y que está, a su vez, dividido en tres libros, el *Abhidharma-pítaka (Cesta de la Doctrina señera)*, canasta de la metafísica, que en seis tratados contiene la filosofía y la ciencia de Buda.

Uno de los principales comentaristas del *Tipítaka* fue Buddagosa, que escribió el *Visuddhi-magga (Vía de la pureza)*; ligado a cuanto realmente dijo Buda, una fuente fiable es el *Dhammasukkâya (Compendio de la Doctrina)* de Avalokitasima, colección de aforismos-cuarteta en varios volúmenes, extraído del *Saddharma-*

Monjes tibetanos dedicados al estudio de los voluminosos tratados religiosos.

smrty-upasthâna-sûtra, y rápidamente difundido en sánscrito, tibetano y chino.

Éstos son los textos canónicos, próximos a cuanto Buda dijo, aun considerando que algunos siglos de tradición oral o de transcripción manual –sobre todo en las diversificaciones dogmáticas de las Escuelas– no pueden darnos una seguridad total. Además del *Tipítaka*, el Pequeño Vehículo considera poscanónico el *Milinda-pañha*, o "*Las preguntas de Millinda* (Menandro)". El Gran Vehículo añade al Canon en lengua sánscrita muchos otros textos, por ejemplo, el *Mahavatsu* y el *Divyavadana*. En Tíbet se leen el *Kanjur* (108 volúmenes) y el *Tanjur* (250 volúmenes), además del *Mahamunda* del primer Tashi-Lama, y tratados de ciencia oculta como el *Kui-ti* (35 volúmenes de texto y 14 de comentarios). Cada Escuela ha aportado, pues, a las ya abundantísimas escrituras originales, su propia laboriosa contribución. He aquí, como conclusión, el sumario general del "Canon pâli".

1. SUTTA-pítaka

"Cesta de los sûtra".

I *Dîgha-nikâya*
(34 sûtra: "colección larga");

II *Majjhima-nikâya*
(152 sûtra: "compilación mediana");

III *Samyutta-nikâya*
"compilación de textos conectados entre sí";

IV *Angúttara-nikâya* (más de 2500 *sûtra)*
"colección seriada";

V *Khúddaka-nikâya*
"colección breve":

1) Kúddaka-pâtha, "pequeñas lecciones";
2) Dhammapada, "los versos de la Doctrina"
3) Udâna, "sermones solemnes";
4) Itivútaka, "así está dicho";
5) Sutta-nipâta, "colección de aforismos";
6) Vimâna-vatthu, "los divinos palacios";
7) Peta-vatthu, "los difuntos";
8) Thera-gâthâ, "cantos de los monjes";
9) Theri-gâthâ, "cantos de las monjas";
10) Jâtaka, "los nacimientos";
11) Niddesa, "el índice";
12) Patisámbhida-magga, "el sendero de la completa discriminación";
13) Apadâna, "las empresas";
14) Buddha-vamsa, "la estirpe de los Buda";
15) Cáriyâpítaka, "cesta del comportamiento".

2. *VÍNAYA-pítaka:*

"Cesta de la disciplina".

I *Suttavibhanga,* "división de los textos":
1) *Mahâvibhanga,* "gran división",
2) *Bhiksuvibhanga,* "sección concerniente a los monjes";

II *Khándhaka,* "partes":
1) *Mahâvagga,* "la sección grande";
2) *Culavagga,* "la sección pequeña";

III *Parivâra,* "el cortejo"; o *Parivârapâtha,* "la lección que forma el cortejo".

3. ABIDHARMA-pítaka:

"Cesta de la Doctrina señera".

I *Dhammasángani,* "clasificación de las realidades";
II *Vibhanga,* "divisiones";
III *Kathâvatthu,* "tratado de las cuestiones";
IV *Puggalapáññati,* "tratado de las personas";
V *Dhatukatha,* "sobre los elementos";
VI *Yámaka,* "los pares";
VII *Patthâna,* "las puestas en acción".

Glosario

Pequeño glosario de términos budistas (el primero está en sánscrito, la lengua más usual; el segundo está en lengua pâli)

A

Abhâsa: luminosidad reflejada, semejanza, reverberación. Algo considerado como parte o modo de un todo; objetividad; teofanía.
Abhava: (no presencia). Cualquier elemento fenoménico importante del Nirvâna (Nibbâna) o del espacio etéreo (*akâsa*).
Abhidharma (*abhidamma*): lo referente al Dharma; metafísica; nombre de la tercera Cesta o Cánon budista (*Pítaka*), de carácter eminentemente filosófico, que contiene un sistema completo de adiestramiento de la mente.
Abhinaya: medios de representación; aparato estético. El conjunto de gestos convencionales usados en la danza escénica (*nrtya*).
Abhisambodhi: despertar supremo y total. La Iluminación (de despertar, *bodhi*) de los Buda supremos.
Abhiseka: consagración del nacimiento; antiguo rito de consagración de los reyes indios.
Acârya: Maestro; el maestro espiritual que, junto a un preceptor (*upajjhâya, upâdhyaya*), guía, durante al menos diez años, al novicio (*sâmanera, sramanera*) en una comunidad de monjes budistas.
Acyuta sthâna (*acutta thâna*): la "condición inmutable", es decir, el Nirvâna.
Adhisthâna (*adhitthâna*): la primera perfección, la decisión de dedicarse a la ascesis; la "gracia" con la que Buda resuelve el *karma* de un ser humano independientemente de su mérito o demérito.
Âdi-Buddha: Buda supremo o primordial. El Buda del principio, nacido de su propio Sí. En el budismo tibetano, ejemplificado por Vajrasattva (o Vajradhara).
Agregados: véase *Skandha*
Agni: el fuego, divinidad hindú integrada en el panteón del tantrismo budista. También llamado Anala, o Vajrânala. Viste siempre de rojo y monta una cabra o un carnero.
Ahimsa: "no-daño", "no-violencia"; precepto fundamental del budismo, que lleva a la benevolencia hacia toda forma de vida.
Âkâsa: éter, espacio, aire; también "luz". Convertido después en el lugar infinito e inmaterial del Nirvâna, con valor de "empíreo".
Âkrti: imagen, semblanza, apariencia externa.
Aksobhya: el inconmovible. Uno de los cinco Buda trascendentes, o *jina*. También llamado Cittesvara, o Cittesa, por ser Maestro del pensamiento (*citta*). En el arte tibetano se representa con un rostro y dos manos, o con tres caras y seis manos, o con cuatro caras y ocho manos.
Los cinco Buda trascendentes son: Aksobhya, Amitâbha, Amoghasiddhi, Ratnasámbhava y Vairócana
Âlaya-vijñâna: "Conciencia-receptáculo". Una especie de alma personal en la que se anotan todas las acciones en base a las que se tendrá la "recompensa". Para la Escuela Yogacâra es la consciencia cósmica que encierra en sí los elementos, o semillas (bîja) de toda realidad posible, concepto totalmente inalcanzable para la mente humana.
Âlekhya: pintura. En tibetano *thangka*.
Amitâbha: luz ilimitada, señor de la flor de loto. Uno de los cinco Buda trascendentes, o *jina*. También llamado Amitâyusu, y Ârolîka, o Vâgîsa (señor del Verbo). En las representaciones tibetanas puede tener un rostro y dos manos, o un rostro y cuatro manos, o tres caras y seis manos, o cuatro caras y ocho manos. Los cinco Buda trascendentes son: Aksobhya, Amitâbha, Amoghasiddhi, Ratnasámbhava y Vairócana.
Amoghasiddhi: la realización infalible; aquél cuya acción es incorruptible. Uno de los cinco Buda trascendentes, o *jina*. También llamado Amogha, Amoghavajra, Dundhubhisvara o Visvosnisa.
La iconografía tibetana lo representa con un rostro y dos manos, o con una cara y cuatro manos, o con tres rostros y seis manos o con cuatro caras y ocho manos. Los cinco Buda trascendentes son: Aksobhya, Amitâbha, Amoghasiddhi, Ratnasámbhava y Vairócana.
Ámrita (*amata*): "inmortal". Concepto frecuente en los Veda.
Anagârika: "sin morada". Designa a aquel que abraza la vía monástica sin formar parte de un convento.
Ânanda (también nombre propio): la esencia de la alegría, beatitud, felicidad, el éxtasis espiritual.
Ananda-cin-maya: unión de santidad y razón. El estado que caracteriza la experiencia estética (gustar el sabor: *rasâsvâdana).*
Anapâna-smrti (*anapâna-sati)*: atención vigilante sobre la inspiración (*âna*) y expiración (*apâna).* Una de las principales prácticas budistas para adquirir el *prâna*. Forma parte de las dieciséis contemplaciones.
Anâtmaka (*anattâ)*: la repulsa del Atman, que la filosofía hindú concebía como alma personal inmortal. Uno de los tres signos del Ser.
An-upâdi-sesa: no permanencia, o sea la condición de *nirupadhisesa-Nirvâna**. En asonancia con *anupadha*, no tener penúltima, una letra o una sílaba no precedida de otra.
Anuvyanjana: los signos físicos secundarios principales de los Buda, de los bodhisattva, de los cakravartin y de los Mahapúrusa (los signos físicos primarios se denominan *láksana*).
Âpsaras (*attharâ)*: "las que se mueven en el agua", ninfas del cielo de Indra. Uno de los motivos dominantes en la iconografía del cielo en el arte budista tibetano y chino. Según la exégesis, se aparecen a los ascetas con intención de distraerles de la meditación.
Arhat (*árahat*): el digno. El santo "que ha alcanzado el grado más alto" (*krta-karanîya, katakaranîya*). El sabio de vida ejemplar para las escuelas hînayânicas; para las escuelas ascético iniciáticas indica el cuarto estadio en la vía de la evolución (*shrotâpana*).
Ârya (*áriya*): noble. Término con el que se denomina, quizás impropiamente, la étnia que invadió India hacia 1500 a. C., imponiéndose a la civilización autóctona del Valle del Indo. Los arios establecieron una organización social basada en cuatro castas: sacerdotes (*brâhmana*), guerreros (*ksatnya*), agricultores

y comerciantes (*vaisya, vesiyâna*) y sometidos (*paria*). En el budismo, indica la persona que, gracias a su sentido moral, sigue la vía del Dharma, con las Cuatro Nobles Verdades (*âryasatyâni, ariyasaccâni*).
Ârya-satiâni (*ariya-saccâni*): Cuatro Nobles Verdades. Éstas son: verdad del sufrimiento (*duhkha, dukkha*), el origen del dolor (*duhka-samudâya*), supresión del dolor (*duhka-nirodha*) y la Vía que conduce a la extinción (*mârga, magga*).
Asámskrita: no conformado, no condicionado. Atributo principal del éter nirvánico (*âkâsa*) y del propio Nirvâna (Nibbâna).
Âsana: gesto, actitud (*bhadrâsana*), condición equilibrada.
Astamángala: los "ocho emblemas" del budismo (en tibetano *bkra-sis rTags brGyad*). Ornamento por excelencia de toda iconografía budista, en particular para la Escuela del Gran Vehículo. En el budismo tibetano los ocho emblemas están personificados por otras tantas divinidades. Éstos son: el parasol (*chattrâ*; en tibetano *Rin-chen gDugs*), que protege de los demonios; el doble pez (*survana matsyâ*; en tibetano *gSer-gyi Nya*), que simbolizan la salvación del océano de renacimientos y sufrimiento; la trompeta de caracol (*shankha*; en tibetano *Dung-dKar gYas-hKhyil*), que proclama la gloria de los santos; la bandera (*dhvâjâ*; en tibetano *mChog-gyi rGyal-mTshan*), que celebra la victoria de Buda; el nudo de inmortalidad (*shîvatsa*; en tibetano *dPal-gyi Behu*), también llamado nudo de amor; el vaso lustral (*kalasha*; en tibetano *gTer-chen-pohi Bum-pa*), que contiene el néctar de la inmortalidad; la flor de loto (*padma*, en tibetano *Pad-ma bZang-po*); la rueda de la Doctrina (*cakra*; en tibetano *gSer-gyi hKhor-lo*), puesta en movimiento por Buda.
Astángika-mârga (*attangika-magga*): el Óctuple sendero cuyas fases son la recta visión (*samma-ditthî*); recta decisión (*samma-sankappa*); recta palabra (*samma-vâca*); recto obrar (*samma-kammanta*); recto modo de vida (*samma-ajîva*); recto esfuerzo (*samma-vayâma*); recta atención (*samma-sati*); y recta concentración (*samma-samâdhi*).
Âsrama: cada una de las cuatro etapas de la vida espiritual. Cabaña situada en un lugar solitario, donde los yogi se retiran a meditar. Cualquier lugar donde se practique la búsqueda de realización espiritual.
Á-subha: impuro, infortunado. Una de las cinco etapas (*bhâvana*) de subida para la realización del Sí.
Átma; **atman** (*atumâ; attâ*): el Sí, el conocimiento de sí mismo; puede también significar el concepto de alma, negada por el budismo canónico. En el concepto hindú, también *jovâtmâ, anuâtmâ, vijnânam brahman*.
Aupadesika: adquirir mediante la instrucción. Aquél que ha adquirido la posibilidad de comprender los aspectos de las cosas a través del estudio.
Avadâna: "hazaña", exégesis, narración de las gestas meritorias realizadas por los Buda pasados o por el Buda histórico en vidas anteriores a su encarnación en esta era.
Avalokitésvara: el señor que mira hacia abajo. Uno de los grandes Bodhisattva (en chino, *Kuan-yin*; en japonés, *Kannon*). También llamado *Lakeshvara, Lakanâtha*. En la iconografía budista tiene muchos aspectos, casi siempre asociados a su función de acogedor del alma para llevarla al Empíreo; por ello, a menudo lleva ropa femenina y un niño en brazos. Puede tener un rostro y dos manos, un rostro y seis manos, un rostro y ocho manos, tres rostros y seis manos, cinco rostros y doce manos, pero, también —en imágenes votivas no ortodoxas—, numerosos rostros superpuestos y un círculo radial con numerosas manos.
Avastha: la condición de los elementos mínimos que se agregan para constituir una identidad física o psíquica.
Avasthâna: condición o situación emotiva.
Avidya: (*a-vijjâ*): desconocimiento. La ignorancia que causa la existencia del mundo fenoménico, ilusorio e inconsistente. Es el primero de los doce Nidâna (los doce rayos de la rueda del devenir) y la última de las diez ataduras. A causa del desconocimiento, el individuo concibe el mundo como real, y el propio individuo desconoce su propia transitoriedad. A partir de las escuelas budistas esotéricas, adquiere el mismo valor que Ilusión (*mâyâ*), a causa de la cual la Doctrina (*Dharma*) da origen al mundo de las formas, condicionadas e ilusorias.
Âyatana: nombre de los doce dominios o campos sensoriales, seis internos o subjetivos (*adhyâtmika, ajjhatika*), relacionados con los cinco sentidos y la percepción mental, y otros seis externos, correspondientes a los objetos de los sentidos y a las cosas, en cuanto concebibles por la mente.
Âyuhsamskâra (*âyusankhâra*): las principales estructuras vitales del individuo viviente o del Buda, que se rechazan en el momento de la Extinción, del Nirvâna.

B

Bhakti: "devoción", abandono al amor. Una de las principales vías del yoga indio, basada en la devoción y el amor por un ideal sin huella de acción interesada o de especulación filosófica, como el sentimiento que empujó a Buda a predicar el Dharma a la humanidad. En los tratados de estética es el equivalente de *láksana*, connotación, y sinónimo de *dhavani*, contenido.
Bhava: el ser, el devenir. Uno de los doce nexos causales que determinan el flujo en las transmigraciones (*samsâra*).
Bhâva: sentir, sentimiento o éxtasis producido por la contemplación de una obra de arte. Condición del existir en el mundo fenoménico y propiedad innata de los mínimos elementales, llamados *dharma*.
Bhâvana: despliegue mental, meditación. La imagen persistente o la impresión emotiva que sobrevive en la memoria; por ello, el acto de realizar interiormente o de visualizar el objeto prefijado, con la meditación. Según las escuelas, las *bhâvana* son tres (*kâya-, citta, prajña-bhâvana*) o cinco, en cuyo caso están dirigidas a realizar las cuatro virtudes cardinales: benevolencia, gozo, compasión y ecuanimidad, más la pureza (*maitrî, muditâ, karunâ, upeksa, a-subhâ*).
Bhiksu (*bhikku*): monje mendicante, asceta. Sinónimo, *srámana*. Femenino, *bhíksuni (bhikkuni)*.
Bhûmi: tierra, terreno, y también grado de perfección. Hay diez grados de perfección (luego, doce), e indican el progresivo acercamiento de un bodhisattva al estado de Conocimiento iluminado (*bodhicitta*). Los principales son: generosidad, desapego, buenas costumbres, paciencia, energía viril, meditación,

logro del conocimiento (*dana, sîla, ksânti, vrya, dhyâna, prâjña*). En el budismo tibetano los diez (o doce) grados se han divinizado, y se representan por otras tantas deidades: *Sdhimukticaryâ* (conducta vigilante; roja); *Pramuditâ* (la jovial; roja); *Vimalâ* (la inmaculada; blanca); *Prabhakari* (la resplandeciente; roja); *Arcismati* (la radiante; verde); *Sudurjayâ* (la invencible; amarilla); *Abhimukthi* (la que afronta; dorada); *Durangamâ* (la que va lejos; negra o azul); *Acalâ* (la inmóvil; blanca); *Sadhumatî* (de gran inteligencia; blanca); *Dharmameghâ* (nube de doctrina; amarilla); *Samantaprabhâ* (que reluce por doquier; color del sol al mediodía, y es el Buda Amithâba sobre la flor de loto). De ahí viene *bhumîsparsamudrâ*, el gesto de "tocar la tierra para llamarla a testimoniar".

Bhûta-táthata: "ello", el ser "tal"; la esencia de toda materia. Sinónimo, *Táthata*.

Bîja: semilla. Los elementos de cada realidad posible contenidos en la Conciencia cósmica (*âlaya-vijnâna*).

Bimba: modelo, tema, objeto. El presentarse como se es, con la propia apariencia.

Bodhi: el Despertar, la Iluminación, gracias a la que —arrancada la sed de vivir y la ignorancia— se alcanza el estado de conocimiento que antecede a la Extinción total, que se conseguirá con la muerte.

Bodhicitta: conocimiento, iluminación. Para la Escuela Mahâyana, es la cualidad connatural a todo ser, gracias a la cual podrá alcanzar la Extinción en cuanto active esta vocación innata.

Bodhipâksika (*bodhi-pakkhika*): "cosas favorables a la Iluminación", o sea, las treinta y siete predisposiciones, o elementos psíquicos, que preparan el logro de la Iluminación.

Bodhisattva (*bodhisatta*): "esencia de Iluminación"; Buda en potencia: el que, aun viviendo en esta tierra, está destinado a convertirse en Buda en la siguiente existencia. En un segundo momento, este término indicó a quien, tras recorrer el camino hasta llegar al umbral de la Extinción total, vuelve a la tierra para ayudar a los seres humanos. En el Mahâyana, los *bodhisattva* son emanaciones de Buda, que ayudan espiritualmente en su misión. Se conocen veinticuatro, divididos en grupos, pero pueden llegar a más de cien personificaciones.

Bodhivrksa (*bodhi-rukka*): el árbol bajo el que Gáutama Siddhârta alcanzó la Iluminación; considerado eje del mundo, todavía se encuentra hoy —tras la reimplantación de ramas— en el lugar histórico de la Iluminación, en Bodh-Gayâ (India).

Bodhyanga (*bojjhanga*): "miembros de la Iluminación". Los siete requisitos que preparan la llegada de la Iluminación (*bodhi*); éstos son: conocimiento, búsqueda, energía, goce, calma, contemplación y ecuanimidad.

Bön, o **Pön**: "invocación, recitación". El conjunto de las religiones de Tíbet, basadas en la adoración de las fuerzas naturales y que, anterior al budismo tibetano, lo ha influido.

Bonzo: término japonés que suele indicar monje budista japonés.

Brahmâ, Brahmâji: divinidad hindú integrada en el panteón del budismo tántrico con distintas funciones, por lo que asume distintos aspectos. Para el vedantismo, es el Primer ser creado en el universo, que, gracias al poder recibido del Dios supremo, crea y rige todas las cosas. Forma parte de las doce grandes divinidades (*mahâjana*) y es la divinidad de la pasión (*rojo-guna*).

Brâhmana: bramín, sacerdote hindú perteneciente a la primera de las cuatro castas arias. En el budismo, el término se aplicó indistintamente a quien seguía la vía del Dharma o a un santo (*arhat*).

Buda: de *budh*, despertarse. El Iluminado, el Despertado. Se denomina Buda a todo iluminado que, en cualquier época (*yuga, kalpa*), conquista el pleno conocimiento del Dharma y lo enseña a la humanidad. El último Buda plenamente humanizado (*Manusi-Buddha*) fue Gáutama Sakyamuni (*Gotama Sakyamuni*); el próximo Buda será *Maitreya* (*Metteyya*), actualmente bodhisattva en el cielo Tusita. También hay Buda que, realizados en sí mismos, no predican a la humanidad (*Pratyeka-Buddha*). Sinónimo, *Tathâgata*. En el budismo tántrico, el término raramente se aplica al Buda histórico, sino más bien a las divinidades trascendentes (*jina*), a quienes están consagrados los puntos cardinales (seis). Estos cinco Buda trascendentes son: *Aksobhya, Amitâbha, Amoghasiddhi, Ratnasámbhava y Vairócana*; a veces se añade a éstos un sexto Buda, *Vajrasattva* (o *Vajradhara*), que los domina a todos.

Buddhi: inteligencia, el intelecto en su cualidad de reflexión y juicio. Sinónimos, *manas, citta*.

C

Caitya (*cetiya*): santuario, relicario. Primero, el cúmulo de tierra que recubre una sepultura; también indica la *stûpa*, o *dagoba*.

Cakravartin (*cakkhavattin*): el regente de la rueda. Apelativo atribuido a los Soberanos universales en la tradición india antigua, relativamente parecidos en esto a los Buda históricos (*Manusi-Buddha*).

Ch'an: corrupción china del término *Dhyâna* (contemplación, unión con la realidad); vía esotérico-mística, en japonés llamada *Zen*.

Chela: seguidor o discípulo de un maestro hindú (*guru*).

Citta: conciencia. Es el principio universal de la inteligencia activa, entendido como fundamento de la auténtica existencia.

Cittavritti: "disposición de pensamiento", emociones fugaces o imágenes materiales.

Cîvara: La túnica del monje budista.

D

Dalai-bLama: (término mongol, traducción del tibetano *gyamtso*, océano), cabeza del budismo tibetano, considerado la encarnación de Buda Avalokitéshvara, patrón de Buda. Su poder temporal se remonta únicamente a 1742; desde 1959, el Dalai Lama vive en el exilio. Se elige por la verificación en él de la presencia de los "signos" de la divinidad budista.

Dâkini: el que anda por el espacio. En el budismo tibetano, categoría de divinidades menores, o algunas *Yóginî*. También es la Sakti tutelar del mûlâdhâracakra.

Deva: "el brillante"; divinidades, sobre todo en el panteón hindú, que tienen la función de gobernar un sector de las creaciones materiales y de proveer a las necesidades de todos lo seres. Para el budismo son seres divinos como consecuencia de acciones meritorias, y así permanecen mientras que realicen acciones meritorias.

Dharma (*damma*): término con numerosos significados. La Ley, o Norma, o Doctrina revelada por Buda, que consiste en la Cuatro Nobles Verdades; la realidad de las cosas; (en plural) los elementos mínimos de la realidad física, psíquica y del pensamiento intuitivo, insignificantes en sí mismos pero de cuya agregación se origina la existencia humana, que es, en todo caso, consecuencia de las acciones realizadas en las vidas anteriores.

Dharma-cakra-pravartana (*damma-cakka-pavattana*): el acto de poner en marcha la Rueda de la Doctrina, o sea la revelación del Dharma por parte de Buda con su sermón de Benarés (Varanâsi).

Dharmâdhimukti: vocación por el Dharma.

Dharmakâya: la esencialidad objetiva del Dharma.

Dharmashûnyatâ: el "vacío" (*shûnyatâ*) de los elementos mínimos que componen la realidad fenoménica del individuo.

Dhâtu: "región, ámbito". Los dieciocho campos de acción, tres para cada *âyatana*. Las etapas de ascenso, según las disposiciones psíquicas, desde la esfera de la avidez a la Anulación nirvánica.

Dhâna, o dhyâna (*jhâna*): meditación, éxtasis místico. Se divide en cuatro estadios de profundización progresiva. La vía de ascesis del Budismo hacia la percepción de la realidad absoluta. En chino, *ch'an*; en japonés, *zen*.

Dhyai: meditar sobre, concentrarse en. Contemplar en abstracto; corresponde al término védico *dhî*.

Dikpâla: divinidad brahmánica integrada en el panteón del budismo tibetano, en el que se ha multiplicado (ocho o diez *dikpâla*), con funciones de "guardián de distintas regiones del espacio".

Divya-caksus (*dibba-cakkhu*): el denominado "tercer ojo", o percepción divina por la que Buda, en la segunda vigilia durante la que consiguió la Iluminación, pudo contemplar la concatenación de las doce causas (*nidâna*) y las relaciones entre todos los seres pasados, presentes y futuros.

Dorje: en tibetano, es el símbolo del rayo, usado en el arte y en las prácticas mágicas. En sánscrito, *vajra*.

Duhkha (*dukkha*): sufrimiento, cualidad de doloroso. La primera de las Cuatro Nobles Verdades (*ârya-satyâni*) y, con *anikka* y *anatta*, uno de los tres Signos del ser.

Dvesa (*dosa*): odio, malevolencia, aversión. Uno de los cinco (o diez) defectos morales (*klesa*) y uno de los tres fuegos que causan el *duhkha*.

G

Gáruda: (alado; devorador). Pájaro fantástico cuyo prototipo sería el águila. Común a toda la tradición panindia, en el hinduismo es el gran enemigo de los Naga y la cabalgadura del dios Visnu. Integrado en el panteón del budismo tibetano, asimilado al pájaro fantástico *khyung*, frecuente con distintos nombres en numerosas culturas.

Garbhâvakranti (*gabbhâvakkanti*): el "descenso del semen", es decir, el acto de encarnación física del Buda histórico en el seno de Mâyâ, esposa del rey Suddhodana. Uno de los temas recurrentes en la iconografía budista a partir de las esculturas de Gandhâra.

Gâtha: canto. La parte en verso de los textos budistas (*sûtra*).

Guna: "cualidad". Todo valor específico de una obra de arte. Factor, cualidad o cualificación en el mundo de la materia, como *sattva-guna*, pureza; *rajo-guna*, acción; o *tamo-guna*, inercia, resistencia.

Guru: maestro, iniciado, *svâmî* que instruye a los *chela*.

H

Heruka, Hevraja: la luminosa He. Importante divinidad del panteón del budismo tibetano. Se suele representar en las pinturas en el centro de los cementerios, rodeada por ocho Yoginî o por dieciséis divinidades. Como Buddhakapâla (casquete craniano de Buda) está en el centro de un mandala. Como Mahâmâya (la gran ilusión) es particularmente espantosa. Como Sambara (constricción) aplasta cadáveres. Como Vajradâka suele ser negra. Estas representaciones se tornan a menudo divinidades autónomas y adquieren variedad iconográfica.

Hînayâna: Pequeño Vehículo (de salvación). La Escuela Theravâda es la corriente del budismo más antigua, tradicional, y quizá la más ortodoxa.

I

Indra: en el hinduismo, dios del firmamento; personificación de la atmósfera, rey de los planetas celestiales, soberano de los dioses del cielo. En el panteón del budismo tibetano se representa en color amarillo o dorado, y generalmente cabalga un elefante de seis colmillos. Es el guardián del Este. También se le conoce por *Purandana* y *Vajrâyudha*.

J

Jâtaka: "referente al nacimiento". Narraciones canónicas de 550 vicisitudes correspondientes a las acciones de Buda en las encarnaciones que precedieron a Gáutama.

Jâti: nacimiento; uno de los doce nexos causales que determinan el ciclo de los renacimientos (*samsâra*).

Jijimuge: la principal doctrina de la escuela japonesa Kengon. Predica la libre interfusión de la realidad absoluta y de las cosas individuales. Probablemente represente una de las más altas cimas alcanzadas por la especulación filosófica humana, junto al sufismo y el Zen.

Jina: victorioso (también *Tathâgata*: el que es así). Los Buda de los cinco puntos cardinales (Sur, Este, Norte, Oeste y Centro). Los cinco jina del budismo tibetano son: *Vairócana* (en el centro o en el Este, de color blanco, con el gesto de meditación, sobre un león, con la rueda como atributo, señor de la materia, que tiene como pareja a Locanâ); *Aksobhya* (en el centro o en el Este, de color azul-negro, con el gesto de tocar la tierra, subido a un elefante, con el rayo como atributo y Mâmâki como pareja; señor del conocimiento); *Ratnasámbhava* (Sur, de color amarillo, el gesto de la donación, cabalgando un caballo, con el emblema como atributo y Mâmâki como pareja; señor de la sensación); *Amithâba* (Oeste, de color rojo, con el gesto de la meditación, sobre un pavo real, con el loto como atributo y Pândâra como pareja; señor del intelecto); *Amoghasiddhi* (Norte, de color verde, con el gesto de la protección, montado en Gáruda, con la espada y el rayo como atributos y Târa como pareja; señor del *karma*). El término Jina es común a otras religiones indias, en particular al jainismo, surgido en la misma época que el budismo. En Nepal, a los Jina también se les llama, impropiamente, *Dhyâni-Buddha*.

Jiri-ki: término japonés que indica el esfuerzo individual para recorrer la vía de la salvación, por oposición a *tari-ki*, que indica la intervención de un salvador exterior.

Jivan-mukta: el "liberado en vida" que sigue manifestándose bajo forma humana.

Jnâna: el conocimiento. Uno de los diez grados de la perfección (*bhûmi*). Cuando el conocimiento es "superior" se denomina conocimiento místico o gnosis (*prajña*).

Jodó: la Escuela de la Tierra Pura, como se desarrolló en Japón. Para esta escuela, fe y acciones meritorias van emparejadas en el logro de la salvación. Dio origen a la Escuela Shin, que pone el acento exclusivamente en la fe.

K

Kala: arte. Cualquier producción artística o cualquier obra realizada con pericia. Existen sesenta y cuatro artes prácticas (*Bâhya-kala*), algunas idénticas a las artes profesionales (*silpa*); y sesenta y cuatro "artes íntimas", "artes de amor" (*abhyantara-kala*).

Kalpa (*kappa*): gran ciclo cósmico, dividido en cuatro u ocho ciclos (*yuga*). Para el hinduismo, es la duración de un día de Brahmâ, constituido por 4.320.000.000 años terrestres, y comprende mil ciclos de cuatro eras (*mahâ-yuga).*

Kâma: "amor deseante, apetito sensual", en particular la lujuria. Una de las pasiones (*râga*) por las que se arrastra la cadena de los renacimientos.

Kapâla: copa ritual tallada a partir de un casquete craniano.

Karman (*kamma*): "acción". Teoría (más conocida como *karma*) según la cual las acciones positivas (*punka-karman*) o negativas (*pâpa-karman*) determinan, en esta vida o en las próximas, recompensas y castigos, en una especie de "Ley de contrapaso", por la que cada ser humano renace en posición más iluminada si anteriormente ha realizado acciones meritorias, o en posiciones de extremo sufrimiento si anteriormente ha realizado acciones reprobables. La doctrina de la "compensación moral" es inseparable de la doctrina de la reencarnación, y el budismo indica el modo de sustraerse y llegar a la Extinción total.

Karunâ: "compasión". Una de las cuatro virtudes cardinales de Buda, que son compasión, benevolencia (*maitrî*), alegría por el goce ajeno (*muditâ*), y ecuanimidad (*upeksâ*). Para la Escuela Mahâyâna, *karunâ* es, junto a la Suprema sabiduría (*prâjña*), la virtud que permite alcanzar la Iluminación, dado que cada acción realizada en este mundo, del todo insustancial, es a su vez del todo insustancial.

Kausala: pericia, habilidad, virtuosismo. En el budismo, si se ejerce la habilidad en una prenda, se consigue implícitamente una ventaja.

Kâvya: poesía. Forma poética (en prosa o en verso); literatura, cuando es distinta de composiciones religiosas específicas. Puede considerarse equivalente a "arte", entendido en sentido abstracto; de ahí *kavitva-dâyin*: artístico.

Kâya: cuerpo, sustancia concreta perceptible. Las especulaciones filosóficas del Pequeño y el Gran Vehículo han sustanciado la Doctrina, atribuyéndole un "cuerpo" físico, y han desarrollado una serie de conceptos sobre la existencia de la realidad teórica de Buda y de su función.

Kâya-vât-citta: cuerpo-palabra-mente. Para la Escuela Mahâyâna, se trata de los tres niveles de manifestación física, psíquica y de las ideas. Corresponden a los tres medios en los que se manifiesta el Buda cósmico: realización del Dharma, coparticipación y manifestación.

Kîrtimukha: motivo decorativo indio que, en el arte de Tíbet, ha asumido el aspecto característico de la máscara terrorífica de un monstruo.

Klesa (*kilesa*): mácula, impureza, expresada en cinco o diez infecciones: deseo, odio, torpeza de entendimiento, inquietud, herejía, duda, pereza, arrogancia, impudicia y aridez.

Klista-mano-vijnâna: conciencia de voluntad intelectual contaminada. Obnubilación producida por la ignorancia (*avidyâ*), por la que se es presa de las infecciones morales (*klesa*) y prisioneros del ciclo de los renacimientos (*samsâra*) por ignorar el recto conocimiento de la realidad universal (*âlayavijnâna).*

Kôan: término japonés específico del budismo Zen. Ejercicio literario eminentemente intelectual que no puede aprehenderse por el raciocinio, pero que, infringiendo las barreras del condicionamiento, desarrolla la intuición.

Krodha: en el panteón del budismo tibetano, divinidad de aspecto enojado. Guardián de las puertas de acceso de un *mandala* gobernado por una divinidad. Se citan cuatro, pero también ocho, y más frecuentemente diez.

Krta-karanîya (*katakaraniya*): el que ha realizado lo que se debía realizar, el *arhat.*

Ksana (*khana*): el instante. La medida infinitesimal del tiempo fenoménico.

Ksânti (*khanti*): soportación, paciencia. Una de las seis, o diez, Perfecciones (*pâramitâ*).

Ksátriya (*khattiya*): la casta de los nobles, de los guerreros, en la división aria en clases de India (*varna*).

L

Láksana (*lakkhana; lancana*): término con dos significados: la característica tritemporal de los elementos mínimos de la realidad física y los signos físicos primarios exclusivos de los Buda, de los Bodhisattva, de los *Cakra-vartin* y de los *Mahâ-purusa* (los signos físicos secundarios se llaman *anuvyanjana*).

bLa-ma: en el budismo tibetano, prior de un convento.

Lantsa: el sistema de escritura tibetano, derivado de la escritura sánscrita *devanâgari.*

Laukika: las cosas del mundo fenoménico (*loka*), comprendidas bajo el dominio de la "verdad relativa" (*samvrtti-satya*).

Lobha: codicia, avidez. Sinónimo de "ira que trastorna" en los Tres fuegos: ira, odio y estupidez (*raja, dosa, maha*).

Loka: mundo, esfera, universo. Específicamente, el mundo condicionado, el mundo fenoménico.

Lokóttara (*lokuttara*): "supramundano", el conjunto de realidades que, trascendiendo el mundo fenoménico, pertenecen a la esfera de la Verdad absoluta (*paramârtha-satya*).

M

Mâdhyamaka: perteneciente a la Vía Media. Especie de conciliación, por obra de la Escuela mahâyánica, entre el mundo fenoménico irreal —mas considerable real como verdad empírica (*samvritti-satya*)— y la Verdad absoluta (*paramârthe-satya*), a cuya luz el mundo fenoménico permanece del todo irreal.

Madhyamâ pratipad (*majjhamâ patipadâ*): la Vía Media, o sea la doctrina budista, llamada así por Buda por estar alejada de los extremismos de la vida ascética y de la vida mundana.

Mâdhyamika: escuela budista que preconiza el sistema mahâyánico de conciliación, llamado *madhyamaka**.

Mahapúrusa (*mahâpurisa*): "Gran Alma". En el vedantismo, término que distinguía la verdad suprema dotada de forma personal. Indica un modelo cósmico propuesto a los seres humanos y ejemplificado por los Buda, los Bodhisattva y los Cakra-vartin.

Mahasiddha: "gran poseedor de facultades perfectas". Grupo de ochenta y cuatro ascetas indios y tibetanos, importantes en las elaboraciones esotéricas del budismo tántrico.
Mahavîra: "gran héroe". Nombre aplicado principalmente a los grandes Maestros del jainismo así como a Buda.
Mahayâna: el Gran Vehículo. Denominación del budismo septentrional, con diversas escuelas y preponderancia místico-metafísica y de organización religiosa. Las principales escuelas son la *Mâdhyamika* (o *S'nyavâda*); la *Vijnânavâda* (o Yogâcâra); las escuelas tántricas *Vajrayâna*, las escuelas chino-japonesas *T'ien-t'ai*, *Ch'ing t'u*, *Shingon* y *Zen*. La más importante es la Escuela tibetana o del diamante (de *bLa-ma*, prior).
Mahésvara: gran señor. El dios hindú Siva, dios de la ignorancia, encargado de la destrucción del universo al final de la vida de Brahmâ, que lo ha generado. Integrado en el panteón del budismo tibetano, es el guardián del Oeste. También se le llama *Isâna*, *Nilakantha* o *Rudra*.
Maitreya (*Metteya*): el amigable; nombre del Buda por llegar, a quien el sabio Kâshyapa ha transmitido "el hábito", y con éste los poderes de Sâkyamuni. Se encarnará sobre la Tierra dentro de unos 2.500 años, en una familia de brahmanes. Para el budismo tibetano, reside en el paraíso tusita. Según el sistema quinquenario que asocia los cinco últimos Buda encarnados a los cinco Jina, correspondería a Amoghasiddhi.
Maitrî *(mettâ)*: benevolencia. Una de las cuatro virtudes cardinales del budismo, junto a la compasión (*karunâ*), alegría por el goce de los otros (*muditâ*) y ecuanimidad (*upeksâ*). Sujeto de uno de los libros budistas más importantes, el *Maitrî-sûtra*.
Manas (*mano*): mente, la facultad del pensamiento. Es el órgano que coordina las funciones de los sentidos, y se diferencia de la conciencia o conocimiento (*vijnâna-citta*), con la que se llega a la verdad esencial.
Mandala (*mandel*: círculo, esfera; en tibetano, *dKyil-'khor*): representación simbólica de carácter místico-mágico, contenida dentro de un círculo que representa el universo. Es típica del budismo tibetano, y se puede considerar como la descripción plana de un templo, con distintas divinidades (*Tathâgata, Bodhisattva* y otras) en los puntos cardinales, que llevan estos colores: Oeste, rojo; Sur, amarillo; Este, azul; y Norte, verde. En el centro está el santuario (*kutâgâra*), que encierra la divinidad soberana del mandala (*mandalesa*) o de la Rueda (*cakresa*). El santuario está rodeado por una o varias galerías (*pattikâ*) concéntricas, divididas a veces en habitaciones (*kosthaka*). El conjunto está dentro de una cinta de muralla (*prâkâra*), cuadrada, con cuatro puertas (*torana*) en los cuatro puntos cardinales. A veces, todo ello está dentro de un círculo de protección, a imagen de la Rueda (*Cakra*). Existen treinta y siete tipos diferentes de mandala.
Mantra (*manta)*: del védico "himno", "deliberación" (de *mana*, mente, y *traya*, liberación). Primero significó "texto sagrado", después "jaculatoria", frase emblemática, fonema significante. La repetición constante (*japa*) del mantra, con particular destreza fonética, induce a la comunicación directa con el inconsciente y a la contemplación de las verdades esotéricas expresadas por el término o términos del *mantra*, y gráficamente también de un símbolo o de un *mandala*. Como "magia", "encantamiento", los versos —por ejemplo— del *Rig-veda*, o las prescripciones canónicas del *Silpa-Sâstra*; llamado, entonces, *dhyâna mantra*.
Mânusi-Buddha: el Buda histórico; un Buda que se ha encarnado para cumplir su misión.
Mâra: "matador, destructor". Divinidad enemiga de Buda y de cuantos recorren la Vía de la Liberación, proponiéndoles alicientes temporales con la ayuda de la avidez. En los textos tántricos representa los cuatro obstáculos que intentaron cerrar a Buda la Vía de la iluminación: *klesa, skandha, mrtyu* y *devaputra*. De aquí, el budismo tibetano ha derivado cuatro divinidades Mâra distintas que, para ciertas escuelas, se han asimilado a cuatro divinidades hindúes: Brahmâ, Yaksa, Yama e Indra.
Mârîcî: rayo de luz. Diosa muy importante del panteón del budismo tibetano, donde se representa sobre un cerdo o sobre un carro tirado por siete cerdos (no confundir con *marîcî*, espejismo). Ayudante de las dos Târa.
Mâyâ: "engaño, apariencia". La Ilusión, por la que se es inducido a creer real el mundo fenoménico, transitorio e inconsistente en el espacio y en el tiempo. Nombre de la madre de Gáutama Buda. Llamada también *Mahâ-Mâyâ*.
Moha: obnubilación, confusión. Una de las tres principales infecciones morales, o "Fuegos", siendo las otras dos la pasión (*râga*) y el odio (*dvesa*).
Moksa (*mokka*): liberación, libertad espiritual. La liberación de la cadena de los continuos renacimientos; "realización" (no "logro") de la perfección. Sinónimo de Nirvâna. Alótropo, *mukti*.
Mondô: término japonés que indica la naturaleza rápida y absoluta del *kôan* en el budismo *Zen*.
Mrdanga: tambor indio de barro en forma de vasija con los dos extremos abiertos, uno menor que el otro, cubiertos por piel.
Muditâ: alegría. Una de las cuatro virtudes cardinales del budismo. Las otras son: benevolencia (*maitrî*), ecuanimidad (*upeksâ*) y compasión (*karunâ*).
Mudrâ (*muddâ*): "sello, signo". En un primer momento, el gesto de los dedos para indicar una cifra (*hattha-muddâ-gananâ*); después, cualquier gesto simbólico de las manos, en particular en las danzas indias. El gesto, o la posición de Buda, indican un momento particular de su ascesis terrenal, y en consecuencia la esencia misma de ese momento particular. En el budismo tibetano, la *pareda* (esposa-potencia: *saktí*) de un Tathâgata o de un Bodhisattva.
Mukti: epíteto de *Moksa*.

N

Nâga: serpiente cobra. Las Nâga ocupan un lugar importante en la tradición panindia, y, en número de ocho, o de diez, han sido integradas con distintos títulos en el panteón del budismo tibetano.
Nâma-rûpa: "nombre-forma"; palabra-imagen. La formación de una identidad a causa de las acciones (*karma*) acumuladas (*upacita*) por una persona durante su existencia anterior. También los medios convencionales de identificación, gracias a los cuales conocemos el universo fenoménico. Tercera de las doce "causas primeras" (*nidâna)* que determinan la concatenación de los renacimientos en la *pratîtya-samutpâda*.
Nat: espíritus de la naturaleza, anteriores al budismo mas venerados en Birmania.

Nidâna: "vínculo, síntoma", causa primera. Las doce "causas primeras" responsables del concatenarse de los renacimientos, configuradas en doce rayos en la Rueda del devenir. Son: ignorancia (*avidya*), agregación (*samskâra*), conciencia refleja (*vijnâna*), nombre-forma (*nâma-rupa*), cinco facultades de los sentidos más el mental (*sad-ayâtana*), contacto perceptivo (*sparse*), sensación (*vedanâ*), codicia (*trsnâ*), vínculo (*upâdâna*), existencia (*bhava*), nacimiento (*jâti*) y vejez-muerte (*jara-marana*).
Nikâya: "corpus, compilación". Nombre de los cinco grandes grupos en que se divide el *Sutta-pítaka* (véase la bibliografía del *Canon pâli* al final de la introducción).
Nirmâna-kâya: el cuerpo de las "manifestaciones" existenciales, de por sí ilusorias, y en consecuencia el plano de lo concreto en que se manifiesta la encarnación de Buda. Es una de las tres realidades concretas perceptibles (*kâya*).
Nirodha: "fin". Sinónimo de *Nirvâna*.
Nir-upadhi-sesa-nirvâna: extinción definitiva y total de toda acción, incluso meritoria, que tiene lugar con la muerte física de un Buda. Es la segunda fase de la Extinción final (*Nirvâna*), que sucede a la primera, llamada *sopadhi-sesa-nirvâna*. Alótropo de *pari-nirvâna*.
Nirvâna (Nibbâna): el aniquilamiento o extinción definitiva de todos los nexos causales (*pratîtyasamutpâda*) que conducen al renacimiento condicional (*samsâra*). Conocimiento de la nulidad de los elementos mínimos cuya agregación conduce a la vida. Liberación absoluta del sufrimiento.
Nitya-baddha: los seres vivientes que, en razón de las doce causas primeras (*nidâna**), son prisioneros del mundo fenoménico y de la cadena de los renacimientos.
Níyama: observancia, regla consolidada. Las principales restricciones a la práctica del yoga.
Nrtya: danza escénica, danza artística.

O

Ocho emblemas: véase *astamángala*.

P

Pâli: uno de los dialectos de India central más antiguos, usado literariamente para la redacción del *Canon Theravada* y algunos otros textos budistas. Quizás derivado del dialecto Maghadi, del norte de India, aunque algunos estudiosos la consideran lengua independiente, con uso únicamente religioso. Tras el declive del budismo, el uso del pâli floreció de nuevo a partir del s. IV d. C., en Ceilán, y a partir del s. XI también en Birmania. Menos dúctil que el sánscrito, con el que está emparentada, y en relación al cual presenta fenómenos de simplificación gramatical y de asimilación fonética (ejemplo: sánscrito *Nirvâna*, pâli *Nibbâna*; sánscrito *arkah*, pâli *akka*. Véase samskr).
Padma: el loto (*lotus nelumbium*); también *pundarika*, *utpala (lotus nymphea)*.
Pañcamudrâ: los "cinco sellos".
Pañcaraksâ: cinco protecciones. Cinco fórmulas (*dhâranî*) eficaces en casos específicos y personificadas, en el panteón del budismo tibetano, en cinco divinidades femeninas, que son: *pratisarâ* (preserva del pecado y de la enfermedad), *sahasrapramardani* (preserva de los demonios), *mahâmâyûrî* (preserva de las serpientes), *mantrânusârini* (preserva de las enfermedades), y *sîtavatî* (preserva de las fieras y de los insectos peligrosos). A menudo, estos nombres van precedidos por el término *mahâ* (gran).
Pándita: término vedanta que indica el erudito en las Escrituras.
Pansîl: (abreviatura de *pañca-síla*), las "Cinco reglas morales". Nombre que se da a un recitativo *Theravâda* con el que el recitante se promete a sí mismo abandonar la vía de las tinieblas.
Paramârtha-satya (*paramâttasacca*): verdad (*satya*) de la Realidad Suprema (*paramârtha*). La Verdad absoluta que trasciende a la empírica (*samvrtti-satya*).
Pâramitâ: perfección. El conjunto de las seis, o diez, fases de perfeccionamiento espiritual a cuya realización se dedica el *bodhisattva* para conseguir la Iluminación. Dichas virtudes son: altruismo o liberación de la sed de posesión (*dana*), buenas costumbres (*sila*), paciencia (*ksânti*), energía viril (*vîrya*), meditación (*dhyâna*), y conocimiento de lo real (*prajnâ*). El panteón del budismo tibetano las ha convertido en doce divinidades, con nombres, colores y atributos específicos, que representan la perfección del loto y del emblema, la caridad, la moral, la paciencia, la energía, la meditación, la sabiduría, el método, el voto, la fuerza, el conocimiento y la perfección.
Parârdha: periodo que indica la mitad de la vida de Brahmâ (para los Veda) o del *kalpa* (para el budismo tántrico), correspondiente a 4.320.000 x 2.00 x 30 x 12 x 50 años.
Paratantra: condición de no autonomía a causa de la cual los elementos mínimos de la realidad física (los *dharma*) están concatenados entre sí sin determinación propia. También significa la intuición de esta realidad.
Parikálpita: "imaginado, ficticio". Concepto falaz, con el que los elementos mínimos de la realidad física (los *dharma*) son considerados reales en sí mismos.
Parinâmanâ: el acto generoso, por parte de un bodhisattva, de transferir a otros los méritos propios adquiridos en virtud de una de las perfecciones (*adhistâna*). La doctrina mahâyánica del *parinâmanâ* se denomina *parivartâ*.
Parinirvâna (*parinibbâna*): completa extinción —incluso de las acciones meritorias— lograda a la muerte por un Buda.
Parinispanna: Trascendencia de las condiciones de los elementos mínimos de la realidad física (los *dharma*) por la que se alcanza a comprender su absoluta vacuidad (*sunya-tâ*).
Parivartâ: la doctrina mahâyánica de la virtud por la que se asignan a otros (*parinâmâ*) los méritos adquiridos con las acciones meritorias propias.
Parivrâjaka (*paribbâjaka*): el itinerante, el monje en la colecta de limosnas.
Pâtra (*patta*): la escudilla para la cuestación.
Phala: el fruto de las acciones, que pueden ser positivas (*punya-karman*) o negativas (*pâpa-karman*).
Pítaka: cesta (panera). Nombre de las tres compilaciones canónicas de los aforismos y acciones de Buda, o Canon pâli. Éstas son: *Sutta-Pítaka* (Cesta de los sûtra); *Vínaya-Pítaka* (Cesta de la Disciplina); y *Abrdharma-Pítaca* (Cesta de la Doctrina señera).
Pradaksina (*padakkhina*): "dar vueltas a la derecha". La circunvalación ritual en torno a un personaje o un altar sagrados.
Prajñâ (*panna*): conocimiento, sabiduría, intuición sobrenatural, gnosis. La perfección (*pâramitâ*) mayor. En la Escuela mahâyánica es uno de los seis postulados esenciales para alcanzar la Iluminación (*bodhi*), siendo el otro el "modo" (*upâya*). En la mística y en la iconografía del

budismo tibetano, *prajñâ* denota el elemento femenino de la pareja divina, junto a *upâya*. Es preferible el término *prajñâ* al de *sakti*, usual en Occidente, dado que este último está completamente excluido de los textos budistas como definición de la pareja del dios.
Prajñâ-mâtrâ: elementos de la inteligencia o del discernimiento. Los elementos formales del arte.
Prajñâ-pâramitâ: "perfección del conocimiento"; perfección de la sabiduría, ciencia trascendente. Título de los textos que constituyen el fundamento de la Escuela Mâdhyamika, según los cuales es básico el conocimiento de la vacuidad y el carácter ilusorio de la realidad física (los *dharma*), empezando por los cinco agregados (*skandhas*) y por las doce causas primeras (*nidâna*). En el panteón del budismo tibetano está personificada por una diosa que goza de considerable bibliografía; descrita y representada como un bodhisattva femineizado. En una mano sostiene el libro epónimo y la otra hace el gesto de la enseñanza. Figura en el noveno de los diez (o doce) Pâramitâ, así como entre los diez Sâdhana.
Prâna: respiración, hálito vital de concepción védica en relación a la función cósmica del brahmán, cuyo control es parte esencial de la práctica del yoga. En el budismo tántrico forma parte (*ânâpâsmrtî*) de las prácticas de evolución hacia el éxtasis.
Pranayâma: cuarta de las ocho etapas del *astânga-yoga*, que consiste en el control del hálito vital mediante ejercicios apropiados.
Pranidhâna: la determinación del bodhisattva de obrar con el fin de sustraer a los vínculos del sufrimiento el mayor número posible de seres vivos.
Prapanca (*papanca*): expansión. La apariencia fenoménica del mundo ilusorio, causada por la ignorancia.
Pratimoksa (*pâtimokkha*): "profesión de fe". La enumeración de los 227 pecados y sus correspondientes sanciones, recitada colectivamente por los monjes y monjas budistas cuatro veces al mes, en ocasión de la *upavâsatha*.
Pratîti: conciencia de percibir un algo. Percepción o intuición; advertir el estilo de una obra de arte.
Pratîtya-samutpâda (*paticca-samuppâda*): los doce nexos, o "cuerdas" (*nidâna*) que causan el continuo renacer (*samsâra*), que, eliminados, preparan a la Extinción total (*Nirvâna*) o a la Iluminación (*bodhi*), y que son: ignorancia (*avidya*), agregación (*samskâra*), conciencia refleja (*vijnâna*), nombre-forma (*nâma-rupa*), las cinco facultades de los sentidos más el mental (*sad-âyatana*), contacto perceptivo (*sparsa*), sensación (*vedanâ*), codicia (*trsnâ*), vínculo (*upâdâna*), existencia (*bhava*), nacimiento (*jâtî*), y vejez-muerte (*jara-marana*).
Pratyâhâra: quinta de las ocho etapas del *astânga-yoga*. Consiste en sustraer los sentidos al dominio de los objetos fenoménicos. Práctica asumida por algunas escuelas tántricas tibetanas.
Pravrâjyata (*pabbajjâ*): la "partida", el abandono del mundo y su renuncia a él por parte del novicio (*sramanera*).
Púgdala: "el individuo". Según los primeros discípulos de Buda, agregaciones transitorias, aunque para algunas escuelas budistas serían realidades existentes de hecho y, por ende, "personas".
Pûjâ: el acto de la veneración religiosa y parte del ritual individual que consiste, sobre todo, en la oración y en la repetición de las jaculatorias con ayuda del rosario.
Punya-skandha (*punya-khandha*): "porción meritoria". El conjunto de todas aquellas acciones positivas (*punya-karmânta*) que facilitan la vía hacia la Iluminación.
Purâna: "antigüedad". Los 18 textos védicos (seis para los que viven en la ignorancia, seis para los que viven en la pasión y seis para los que viven en la virtud) en que tuvo origen el conocimiento del Buda salido del palacio, y cuyo conocimiento él ordenó superar.
Púrusa: hombre; persona (en sentido espiritual, mientras que para el sentido individual se usa *jiva*). Término utilizado en el budismo, sobre todo en el tibetano, en sentido de "hombre cósmico", "alma del universo".

R

Râga: deseo, pasión (también *raja*). Expresión de la sed de vivir (*trsnâ*), por ello, la afección moral (*klesa*) más grave. Las demás afecciones son odio, torpeza, inquietud, herejía, duda, pereza, arrogancia, impudicia y aridez.
Raja: véase *râga*. Se caracteriza, al igual que *rajo-guna* (pasión), por la avidez, la sed de posesión y los deseos incontrolables.
Ratna-traya (*ratanattaya*): "Tríada de gemas", o sea Buda, el Dharma y el Sangha, que constituyen el refugio seguro (*sarana*) para el novicio. También llamada *tiratna* (*tiratana*).
Rddhi *(iddhi)*: poderes mágicos. Suelen enumerarse diez, y se logran en el curso de la ascesis. Sin embargo, Buda prohibió su uso.
Risi: el sabio; término principalmente védico.
Rûpa: "forma", forma natural, aspecto, color, símbolo. El mundo de las apariencias, sobre todo el mundo físico perceptible a través de la forma. Uno de los dieciocho campos de acción (*dhâtu*), correspondientes a las cinco agregaciones (*skandha*). *Buddha-rüpa* es una imagen de Buda.

S

Sadâyatana (*salâyatana*): los seis dominios de los cinco sentidos más el mental, correlato de los respectivos campos de acción. Los dominios son doce en total, de ellos seis son interiores o subjetivos (*adhyâtmika, ajjhatika*), y se refieren a los cinco sentidos más la percepción mental. Los otros seis, exteriores, se refieren a los objetos de los sentidos y a las cosas en cuanto concebibles por la mente.
El *sadâyatana* es la cuarta causa primera (*nidâna*) del conjunto de los doce nexos causales (*pratîtya-samutpâda*) de la cadena de renacimientos.
Sâdhana: (sgrub-thabs; método de práctica) Texto de un ritual que sirve de soporte para meditar en el vehículo del Vajarayama con un Yidam (aspecto de un Buda).
Sáhaja: innato, connatural, espontáneo. Algo hecho por inclinación, voluntariamente, y no a fuerza de voluntad o por obligación.
Sakrd-âgamin (*sakadâgâmin*): "el que ha de regresar alguna vez" a encarnarse.
Sakti: Potencia, esposa. El poder mágico (*rddhi*) del que están dotados los Buda y los bodhisattva. En el budismo Vajrayâna son figuras femeninas, parejas de los Tathâgata y de los bodhisattva, y simbolizan la fuerza de la doctrina del Dharma, extrínseca, que se materializa; aunque sería preferible el término *prajna*.
Sakyamuni: "el asceta de los sakya"; sobrenombre de Siddhârta Gáutama (Siddhattha Gótama), el Buda histórico.
Samâdhi: "fijación, concentración". Luego "éxtasis", "meditación estática". Estado de serenidad que se alcanza

intuyendo la Verdad esencial tras haber adquirido la sabiduría (*prajñâ*). Significa, asimismo, los ejercicios necesarios para conseguir este estado paranormal. Última de las ocho etapas del *astânga-yoga* correspondiente a la realización espiritual completa.

Smasâna: los Ocho cementerios (los ocho lugares de cremación: *astasmasâna*). Representación importante en los mandala tibetanos, sobre todo si se sitúan en círculo en torno a una divinidad infernal o terrorífica. Tienen nombre propio y divinidades guardianas asignadas.

Sámbhala: reino mítico situado en un norte hipotético, especie de Última Thule celestial consagrada a la Divinidad tutelar Kâlacakra. Este reino ideal donde renacen las almas de los buenos está separado del mundo por el río Sita. Probablemente se trate de la idealización de la parte más remota de Tíbet.

Sambhoga-kâya: "cuerpo de unión", "participación" (de *kâya*, cuerpo). Condición existencial del Bodhisattva antes de la encarnación. El plano de conocimiento en el que subsiste el Bodhisattva antes de la encarnación.

Saṃgha, o **Sangha:** asamblea, orden. La Orden budista constituida por monjes (*bhiksu, sramana*) y laicos (*upâsaka*). Es la tercera de las denominadas "Tres Joyas" (*ratna-traya*).

Samjnâ (*sannâ*): ideación, percepción, tomar conciencia de un fenómeno. Una de las cinco agregaciones (*skandha*).

Sâmkhya: sistema filosófico que, según los hindúes, fue enseñado por la *avatâra* (encarnación) Kápila, que era ateo, y se basa en el estudio analítico del alma espiritual y en la concepción puramente material del mundo fenoménico. Buda lo estudió al principio de su búsqueda.

Samsâra: flujo. La transmigración que completa un ser a través de la cadena de renacimientos terrenales, a la que se puede poner fin mediante la observancia del Dharma y de sus Santas verdades. La antítesis del Nirvâna.

Samskâra (*sankhâra*): preparación, efecto operante. Realidad principal de todo elemento existente como consecuancia de las acciones pasadas. El segundo de los doce *nidâna*. Las principales *samskâra* son: sensación (*vedanâ*), apercepción (*samjnâ*), volición (*cetanâ*), atención dirigida (*ekâgratâ*), visualización mental del objetivo (*manasi-kara*), decisión (*adhimoksa*), reflexión (*vicâra*), energía (*vîrya*), razonamiento (*vitarka*), intención (*chanda*), presencia de ánimo (*smrti*), inteligencia-sabiduría (*prajñâ*), y las construcciones psíquicas opuestas.

Samskr: construir, ensamblar, integrar, de donde *Samskrta*: el sánscrito en cuanto lengua elaborada, integrada, conexa.

Samskrita: agregado, compuesto. La condición principal de los elementos mínimos de la realidad física, según los *samskâra*.

Sanâtana-dharma: eterno.

Sangha: véase *Samgha*.

Sannyâsa: término relativo a la religión vedanta; indica la renuncia a los frutos de las acciones positivas, y es la cuarta y última etapa de la vida espiritual, que comporta la renuncia total al mundo.

Sânta (*santo*): paz interior, el que ha alcanzado la suprema paz (*sânti*).

Sânti: la calma, la paz interior, la Extinción total, el Nirvâna.

Sâstra: texto o tratado escrito por un sabio, diferente de un texto recibido por revelación (*sruti*). Autoridad tradicional (clásica, en sentido renacentista).

Satori: estado de conciencia iluminada o de conocimiento intuitivo, limitado o de larga duración, hasta el Nirvâna, al que tiende el budismo japonés Zen.

Satya-yuga: la primera era de un ciclo de cuatro, con una duración de 1.728.000 años, durante la cual la mayor parte de los seres humanos vive en un estado de pureza espiritual.

Shadaksara: las seis sílabas que componen la fórmula sagrada "Om-ma-ni pad-me hum" (la joya en el loto). Fórmula repetida, sobre todo, para honrar al bodhisattva Avalokitéshvara.

Shin: la Escuela japonesa de la Tierra Pura, para la que la salvación se consigue sólo con la fe.

Siddha: perfecto, realizado. La condición del *yogin* que ha conseguido la incorruptibilidad (*vajra*) suprema y ha llegado a la liberación, a pesar de estar aún con vida.

Siddhi: "capacidad o facultad perfecta", condición de *siddha*, similar a los poderes *rddhi*, generalmente en estado latente en todo ser humano.

Sîla: "mandamiento, obligación". En particular, los cinco preceptos morales para los laicos y los diez preceptos morales para los monjes budistas.

Silpa (*sippa*): arte, toda obra de arte, toda forma de expresión artística. La profesión de un arte enseñada por un maestro (*acârya*).

Simha-nâda (*sihanâda*): "el rugido del león". Adjetivo que califica los sermones de Buda y, en particular, el sermón de Benarés (o *Varanâsi*).

Skandha (*sihanâda*): "grupo, compuesto, agregado", la "personalidad". Término que define las cinco categorías cuya asociación constituye la realidad transitoria de la condición humana: forma (*rûpa*), sensación (*vedanâ*), percepción (*saminâ*), construcciones psíquicas (*samskârâh*), conciencia (*vijnâna*).

Smrti (*sati*): memoria, recordación (tradición confiada a la memoria). La atención que se pone en lo que se piensa o se hace. La atención que se pone en el ejercicio de respiración *ânâpâna-smrti* y en cualquier práctica meditativa budista parecida. *Smrti* o *Smrti-sâstra* es el nombre del completamiento del Veda y de las Úpanisad. En el budismo tibetano, se personifica en una divinidad que es una de las cuatro ayudantes de *Mahâsarasvatî*, o también una de las ocho Yogini parecidas a braminos.

Smrti-upasthâna (*atipatthâna*): la práctica del *smrti* en la contemplación asidua de las Cuatro realidades: cuerpo (*kâya*), sensación (*vedanâ*), conciencia (*citta*) y existencia de las cosas (*dharma*), lo que constituye un ejercicio evolutivo durante el camino hacia la Iluminación.

Sopadhisesa-nirvâna (*savupadisesa-nibbâna*): la primera fase del Nirvâna en la que se extinguen las cinco (o diez) infecciones morales o "fuegos" y se alcanza la Iluminación, aunque permanecen los sustratos de las acciones kármicas, que serán anuladas en la segunda fase o *nir-upadhisesa-nirvâna*.

Sparsa (*phassa*): contacto, percepción. A través de la *sparsa* se aprecia el mundo como exterior a nosotros. Sexta causa primera (*nidâna*) de las doce que generan la cadena de renacimientos (*samsâra*).

Shramana (*samana*): monje budista. Femenino, *sramanî (samanî)*. Alótropo de *bhiksu*.

Shrâmanera (*sâmanera*): novicio budista.

Shrî: belleza, prosperidad, fortuna, luz, esplendor, riqueza, poder. Nombre de una diosa panindia, esposa de

Visnu, llamada también Laksmî. Integrada en el panteón del budismo tibetano, que la convierte en dos divinidades distintas, Shrî y Laksmî. Como esposa de Visnu está situada, junto a Indrâni, a los pies de Paramâsva.
Srotapanna (*sotâpanna*): "entrado en la corriente". El aprendiz, el que comienza el camino del Nirvâna.
Sruti: oída, escuchada, "revelación". Texto sagrado (los Veda). Autoridad que se impone por su propio valor.
Sthávira (*thera*): antiguo. Nombre que se dio a los primeros discípulos de Buda y a la escuela Theravâda, o Hînayâna, derivada de sus enseñanzas.
Stûpa (*thûpa*): rodete, relicario, túmulo. Los monumentos fúnebres erigidos sobre las reliquias de Buda, en un primer momento como montículos de tierra contenidos en una balaustrada de piedra, y luego como un alto túmulo de piedra, a menudo con los muros historiados, de cuya configuración se derivaron las pagodas chinas. También cualquier relicario con cenizas de un santo o libros canónicos. En la fórmula simbólico-emblemática, empieza, desde arriba, con el sol, la luna, trece parasoles alternados con trece ruedas, los elementos de la "fanega", la cúpula, los escalones y el trono como basamento.
Sûdra: tercera clase social en la división *varna*, constituida por obreros, artesanos, comerciantes y artistas.
Sukhâvati: "la bienaventurada". En el budismo tibetano, el paraiso occidental, morada del Buda Amitâbha.
Shûnya (*sunna*): el vacío, la ausencia de materia, cuya "cualidad" puede ser "el Ello", la esencia (*tathatâ*). La realidad objetiva de los elementos mínimos de la realidad física (los dharma), carentes de sustancia en sí mismos y existentes por un tiempo infinitesimal (*ksana*) sobre la base de su reciprocidad. En el arte Zen japonés, una de las leyes de la composición gráfica, por la que una parte de la pintura —generalmente, el ángulo inferior derecho— debe estar ocupada por el vacío.
Shûnyatâ: la vacuidad, condición de sûnya. Concepto que trasciende el mundo de las ideas preconstituidas, gracias al cual se alcanza el conocimiento. En el arte Zen japonés, una regla de composición de la pintura gracias a la cual la condición de vacío entra a formar parte de las superficies compuestas y equilibradas.
Shûnya-vâda: vacuidad, vacío. Concepto central del budismo. Teoría y nombre de la escuela Mâdhyamika.
Sûtra, o **Sûtrânta** (*sutta*): literalmente, el hilo con el que se enfilaban las hojas en que estaban escritas las enseñanzas; texto. En el budismo indica "la palabra de Buda". Segunda Cesta del Canon pâli.
Svabhâva-sûnyata: vacío de esencia. Término correspondiente a la Realidad absoluta.
Svástika: "bienestar, felicidad"; objeto propicio; signo en forma de cruz gamada realizado sobre personas o cosas para traer buena suerte; símbolo solar que se halla en tablillas de la civilización del Valle del Indo (3.500 años a. C.), derivado del signo del liquen cólquico de la nieve en las estepas de Asia central, que anunciaba la vuelta de la primavera.

T

Tantra: trama, conexión, tratado doctrinal; compilación de textos pertenecientes a una religión india. Obras esotéricas basadas en el simbolismo sexual con los que se verifica la dualidad (positivo-negativo, varón-hembra) en que se escinde la divinidad hindú para crear el universo y que, en su reunión, repiten el acto divino. En el budismo, obras principales del budismo tibetano, basadas en revelaciones extracanónicas que Buda habría hecho a algunos iniciados, o consideradas obra de Adibudda, de budas arquetípicos, o de Bodhisattva. Siguen reglas del yoga o del tantrismo indio (la corriente de la devoción amoroso-sexual que, considerando a la creación determinada por la escisión de la Divinidad en varón y hembra, al reunir los principios masculino y femenino repite el acto creativo de forma emblemática, regresando al éxtasis divino).
Tapasya: "ascesis, mortificación". La aceptación voluntaria de las restricciones en el ámbito de lo fenoménico con el fin de obtener beneficios superiores. Término principal del vedantismo.
Târa: (de *tr*, atravesar, pasar). "Guía", salvadora. También es la "estrella" que indica la vía. Probable divinización de una reina tibetana, mujer (o, mejor, las dos mujeres) del fundador del lamaismo. Se le atribuye, además, la propiedad de librar a quien la invoca de ocho peligros específicos: leones, elefantes, serpientes, incendios, bandidos, demonios, naufragio y prisión. En la iconografía tibetana, la imagen de Târa responde a tres categorías: ayudante de Avalokitéshvara, soberana de un mandala o titular de Sâdhana, y Prajnâ de un Jina. Como soberana de un Mandala hay la Târa verde, la Târa blanca, la Târa negra, la Târa amarilla (Râjasri Târa: la dama real; Vajratâra, la más célebre; Prasanna-Târa, la serena), la Târa multicolor y multiforme, y la Târa de formas y colores indeterminados. Como Târa Prâjña, cuarta de las grandes Prajñâ (Locanâ, Mâmaki, Pândarâ y Târa) asociadas a los Jina de los puntos cardinales, está asociada a Amoghasiddhi.
Tarikí: término japonés que indica el uso del poder de otros para la propia salvación, a diferencia del uso del poder propio (*Jirikí*).
Tathâgata: "el así llegado", "perfecto" (también interpretado como "el que sigue la huella de sus predecesores"). Epíteto de Buda, o de Jina. Arquetipos cósmicos que se manifiestan, en número de cinco a ocho, en el plano de la actualización tangible del Sharma (*Dharma-kâya*). Del Tathâgata emanan los Bodhisattva y los Mânusi-Buddha.
Táthata: "talidad, cualidad de ser tal" (*tathâ*). La esencia real del mundo fenoménico, o sea, la nulidad, el vacío (*sûnya*) absoluto, sólo perceptible en su esencia por los iluminados. Epíteto de Bhutatathata.
Thera: antiguo. Los primeros discípulos de Buda y su escuela. Epíteto de Sthávira.
Thera-vâda: la doctrina de los antiguos. El budismo tal como fue transmitido por los primeros discípulos de Buda. La tradición antigua, principalmente de la Escuela Hînayâna.
Tilaka: el signo (dibujo) que distingue la pertenencia de los indios a una religión o secta especifica, situado en la frente y trazado generalmente con arcillas procedentes de ríos sagrados.
Tretâ-yuga: segunda era (*yuga*) de un ciclo de cuatro (*mâha-yuga*) en la cosmología hindú. Tiene una duración de 1.296.000 años.
Trikâya: "el triple cuerpo". Las tres modalidades, o vehículos de manifestación, a través de los que se realiza la condición cósmica de Buda: *Dharma-kâya*, o sea la Verdad absoluta y siempre actual del Dharma;

Sambhoga-kâya, o cuerpo, estado y ámbito en el que se manifiesta la función del Bodhisattva; y *Nirmâna-kaya*, o aparición física de los Buda en el plano de la existencia que es, sin embargo, ilusión.
Tripítaka (*Tipitâka*): el conjunto de las tres Cestas. Denominación del Canon Pâli, dividido precisamente en tres partes llamadas paneras.
Trisnâ (*tanhâ*): "sed", de donde "apetencia, deseo", que lleva a la voluntad de existir (*bhava*), gozar (*kâma*) y vivir lo inexistente (*vibhava*).

U

Upâdâna: "vínculo". Consecuencia de la avidez de vivir que nos liga a las acciones y por ende a los renacimientos. Novena *nidâna* del *pratiyasa-mutpâda*.
Upâdâna-skandha (*upâdânakkhanda*): el conjunto de lo que se adquiere. Las consecuencias de la avidez de vivir: nacimiento, enfermedad, muerte, unión con lo que no se ama, separación de aquello que se ama, no-obtención de lo que se desea.
Upâdhi: las razones que nos obligan a la existencia, es decir, las cinco categorias cuya asociación constituye la realidad transitoria de la condición humana: forma (*rûpa)*, sensación (*vedanâ*), ideación (*samjnâ*), construcciones psíquicas (*samskârâh*), y conciencia (*vijnâna)*, a las que se añaden: codicia (*kama*) e infección moral (*klesa*), expresada en cinco o diez infecciones morales: deseo, odio, torpeza, inquietud, herejía, duda, pereza, arrogancia, impudicia y aridez, y la consecuencia de nuestras acciones (*karman*).
Upâdi: causa material, acto de recibir, consecuencia de las acciones. Su contrario es el *an-upâdi-sesa*: no permanencia, o sea la condición de *nirupadhi-sesa-nibbâna* *. A veces, algunos estudiosos confunden este término con el anterior, *upadhi*.
Upadhyâya (*upajjhâya*): el preceptor, el responsable del monje novicio (*sramanera*).
Úpanishad: sesiones, enseñanzas secretas. Textos védicos de exégesis filosófico-esotérica escritos entre 800 y 300 a.C. Desarrollan el concepto del Brahman-Atman, tema esencial del pensamiento Vedanta. A los once (o trece) textos originales se añadieron un centenar en época posvédica.
Upâsaka: el devoto. Apelativo del laico perteneciente al sistema religioso budista. Femenino, *upâsika*.
Upavásatha (*upasatha*): el día en que se practica el ayuno, la abstinencia y el ritual *prâtimoksa* (que consiste en la enumeración de los 227 pecados y sus correspondientes sanciones, recitada colectivamente por los monjes y las monjas budistas). Tiene luger cuatro veces al mes, en ocasión del inicio de la semana lunar.
Upâya: "acceso". En el budismo, es la "vía" para conseguir la Iluminación. Sobre todo en el budismo tibetano, en el que está divinizada como figura, y representa la "compasión" (*karunâ*), o bien la fuerza principal de cada pareja de un Tathâgata o de un Bodhisattva (sakti), o más genéricamente el elemento masculino de la pareja divina o de la pareja mística.
Upâya-kausalya: la habilidad en el uso de los medios. Representa la cualidad principal de quien, enseñando el Dharma, se sabe adaptar a las condiciones del ambiente o a las capacidades de comprensión de quien recibe el mensaje.
Upeksâ (*upekkha*): ecuanimidad. Virtud cardinal del Budismo. Las otras son benevolencia, goce y compasión, a las que se añade la pureza (*maitrî, muditâ, karunâ, a-subhâ*).
Urnâ: joya; la pequeña protuberancia de la frente en las imágenes de Buda. Representa el denominado "tercer ojo que ve más allá de la materia".
Ushnishâ: la protuberancia de la parte superior de la cabeza en las imágenes de Buda. Representa la llama de la suprema Iluminación.

V

Vaisâkha (*vesâkha*): el mes budista (entre abril y mayo) durante el cual, en la noche de plenilunio, se celebran el nacimiento, la Iluminación y el Nirvâna del Buda histórico.
Vaisya (*vessa, vesiyâna*): la tercera casta del sistema social instaurado por los arios cuando invadieron India. Aria es el término con que se indica, quizá impropiamente, la etnia que invadió India hacia 1500 a. C. imponiéndose a la (autóctona) civilización del Valle del Indo. Los arios establecieron una organización social basada en cuatro castas: sacerdotes (*brâhmana*), guerreros (*ksátriya, khattiya*), agricultores y comerciantes (*vaisya, vesiyâna*), y sometidos o *paria*.
Vajra: rayo, diamante. Para el budismo tibetano, símbolo de *tathatâ*, el "ello", la esencia; el ser "así" (*tathâ*); la esencia real de mundo fenoménico, es decir, la nulidad, el vacío (*shûnya*) absoluto, sólo perceptible en su esencia por los iluminados. Representado por un objeto, generalmente de bronce, con una empuñadura, cuatro rayos que se unen por encima y por debajo, respectivamente, de ésta. En el panteón tibetano existen, además, dieciséis divinidades Vajra, próximas a la figura de Bodhisattva.
Vajra-dhâtu: la esfera del fulgor. El nivel incondicionado donde se realiza el conocimiento de la inexistencia de la materia (*shûnya*).
Vajrasattva: esencia del fulgor. Figura teológica de la escuela mahâyánica, símbolo de la condición absoluta e incorruptible que está presente de hecho en todo ser humano.
Vajrayâna: "Vehículo de Diamante". Vía de realización especulativo-esotérica derivada de la unión de los conceptos mistéricos del budismo tibetano con las especulaciones del tantrismo indio, indicada para que el ser humano pueda ser consciente de su potencial *vajrasattva*.
Vairócana: el Iluminador. El más importante de los cinco Buda trascendentes o Jina. También llamado Kâyesa, Kâyesvara, Señor del cuerpo, Sâsvata (el Eterno), y Mahâvairócana (Gran Vairócana). En la iconografía tibetana, puede tener un rostro y dos manos, un rostro y cuatro manos, tres rostros y seis manos, cuatro rostros y dos manos, y cuatro rostros y ocho manos.
Vârana: muro, barrera, obstáculo. Por ejemplo, el prejuicio, porque es un obstáculo para la revelación y para la Iluminación.
Váruna: "el que todo lo envuelve o abarca". Divinidad hindú integrada en el panteón del budismo tibetano. Una de las divinidades principales de la India védica, el primero de los *âditya*. En el hinduismo, es el guardián del Oeste.
Vâsana: impregnación, representación mental; la personalidad. El condicionamiento psíquico, la coacción a repetir, determinada por las acciones pasadas. También ensimismamiento, empatía, sensibilidad artística; y también las asociaciones emotivas degradantes, la fuerza de la costumbre.
Veda: conocimiento, doctrina sagrada. Los cuatro textos sagrados del brahmanismo, redactados entre c. 2000 y 1200 a. C. Divididos en cuatro libros (*Rig-veda, Sâma-veda, Yájur-veda* y *Atharva-veda)*.

En el primero, el más importante, están contenidos los himnos cosmogónicos a partir de los cuales se desarrollaron los conceptos de toda la filosofía india.

Védana: sensación. El conjunto de los seis fenómenos psíquicos correspondientes a los cinco sentidos más el mental. Uno de los cinco *skandha* (término con el que se designan las cinco categorías cuya asociación constituye la realidad transitoria de la condición humana). Los otros cuatro son forma (*rûpa*), ideación (*samjnâ*), construcciones psíquicas (*samskârâh*) y conciencia (*vijnâna*).

Vibhûti: penetrante, abundante, potente; desarrollo, multiplicación, abundancia; manifestación de poder.

Vidya (*vijjâ*): ciencia, saber. Uno de los diez grados de la perfección (*bhûmi*). Sinónimo de *jñâna*. Cuando el conocimiento es "superior" se llama conocimiento místico o gnosis (*prâjña*).

Vihâra: residencia, retiro. El monasterio budista. También indica un estado espiritual.

Vijñâna (*vinnâna*): "conciencia, conocimiento". Indica la entidad que renace, la conciencia refleja, la forma psíquica que conduce al conocimiento individual, por el que, tomada conciencia de sí, el individuo puede recorrer el Óctuple sendero: tener recta visión, recta decisión, recta palabra, recto obrar, recto modo de vida, recto esfuerzo, recta atención y recta concentración. (véase *astángika-mârga*). Es la última y más importante de las cinco agregaciones (*skandha*); las otras son forma, sensación, percepción, y construcciones psíquicas. Sinónimo de mente (*manas*), de intelecto (*buddhi*) y de conciencia (*citta*). La conciencia-receptáculo de superior entidad se llama *âlaya-vijñâna*.

Vikalpa: conceptos, imágenes. Las "imaginaciones" que originan la personalidad psíquica (*vâsâna*), constituida por los condicionamientos y la coacción a repetir, determinados por las acciones pasadas.

Vínaya: el conjunto de Reglas de la disciplina monástica. Nombre de la primera "Cesta" del Canon pâli (véase p. 128).

Vipássana: término pâli que indica la percepción que se logra superando, a través de la búsqueda interior, los errores conceptuales de la materia y llegando al conocimiento de la inconsistencia de la individualidad (*anátmaka*) y de los elementos mínimos de la realidad física (los *dharma*).

Vîrya (*viriya*): energía, fuerza de voluntad. Una de las *Pâramita* (el conjunto de las seis o diez fases de perfeccionamiento espiritual a cuya realización se dedica el *bodhisattva* para lograr la Iluminación; las otras son altruismo, o liberación de la sed de posesión (*dana*), buenas costumbres (*sîla*), paciencia (*ksânti*), meditación (*dhyâna*), y conocimiento de lo real (*prâjña*).

Visnu: "el que efectúa (o compenetra)". Divinidad panindia integrada en el panteón del budismo tibetano. También llamado Hari, o Upendra. En el *Rig-veda* tiene gran relieve como dios del sol o como aliado de Indra; luego, en el hinduismo, ocupó un lugar relevante en la tríada con *Brahmâ* y *Siva*. Aparece en la tierra bajo distintos aspectos o encarnaciones (*avatâra*). En el panteón tibetano es el guardián de la puerta del Este.

W

Wabi: término japonés que indica el estado de serenidad mental. Es la base ideológica del arte y la cultura japoneses.

Wat: término siamés. Significa templo o monasterio.

Wesak: epíteto del término sánscrito *vaisâkha*.

Y

Yaksa: divinidades-genio panindios, numerosísimos, asimilados en el budismo a sus compañeras *Yaksini* y su rey Kubera, guardián del Norte. Son de propensión benévola, y dispensan riquezas.

Yama: el dios de la muerte, llamado también Vajrakâla, Antaka y Vaivasvata. Divinidad hindú integrada en el panteón del budismo tibetano.También existen cuatro divinidades femeninas feroces, cuyo nombre empieza con Yana, y que se colocan en los límites extremos de un mandala: Yamadahî, negra y amarilla, al sudeste, Yamadûti, amarilla y roja, al sudoeste, Yamadamstrî, roja y verde, al noroeste, y Yamamathanî, verde y negra, al nordeste.

Yâna: vehículo, vía de salvación. Forma parte de los términos Mahâyâna, Hinâyâna y Navâyâna.

Yantra: expediente, maquinalidad. Representación emblemática, mediante un dibujo geométrico, de un concepto o una divinidad. En India, es esencial el *yantra* (llamado *shri-yantra*) que representa el triángulo de la vida (con el vértice abajo) y de la muerte (vértice arriba) superpuestos y repetidos tres veces.

Yoga: yugo, "lo que retiene", de donde: "unión con el Absoluto". El conjunto de las disciplinas psicofísicas que tienden a la plena realización del Sí. El *jnâna-yoga* se basa en el conocimiento, el *karman-yoga* en la acción, el *hata-yoga* en el ejercicio físico hasta alcanzar el estado místico. El *bhakti-yoga* (o *Buddhi-yoga*), la Vía del Amor Puro —quizás la expresión más alta del yoga— se enseña en la *Bhágavad-gîta*. Estas vías principales del yoga y algunas otras fueron expuestas por Patanjali hacia el s. IV d. C. en la *Yogasûtra*. Los métodos de yoga forman parte del budismo desde sus orígenes.

Yogin (pronunciado yoguin): el que practica el *yoga*.

Yógini: femenino de yogin. En la mitología hindú también designa un género de magas o hechiceras (llamadas "Madri"). Integradas en el panteón del budismo tibetano, son las compañeras de los *yogin* en los ritos místico-eróticos. *Yogini* con nombre propio o agrupadas en categorías, como una especie de divinidades satélites, pueblan a menudo, en gran número, los grandes mandala del budismo tibetano.

Yuga: una de las cuatro (*Satya, Tretâ, Dvâpara* y *Kalî*) u ocho épocas en que se divide una era (*kalpa*).

Z

Zen: una de las principales Escuelas del budismo japonés (en chino *Ch'en*), basada en la Iluminación repentina gracias a un acercamiento a la Realidad con fórmulas que trascienden la racionalidad, superiores por tanto al intelecto común.

Referencias iconográficas

Las fotografías de este volumen pertenecen al autor, excepto las siguientes: Maraja (Verona) pp. 34, 50ab, 51, 58d, 59, 62-63a, 62b, 75, 77, 96, 100b, 102, 103, 106, 107, 109b, 112; Nasli and Alice Heeramaneck Collection: 70, 73, 108, 109; The Shelley and Donald Rubin Foundation Collection:110.

El editor se excusa por eventuales errores u omisiones.